포스코의 창업정신과
청암의 리더십

POSCO's Entrepreneurship and Leadership of Tae-Joon Park

Contents

청암의 리더십

참고 문헌 / 저자들 약력

이 책을 공부하기에 앞서

이 책은 포스코의 창업정신과 청암 박태준의 리더십 사례를 기반으로 기업의 혁신과 변혁, 그리고 리더십 관련 이론과 사례를 체계적으로 학습하기 위한 목적으로 제작되었다. 이 과정을 통해 '이론과 사례의 관계'를 학습함으로써 최근 국내외 기업들의 경영전략과 비즈니스 운영 메커니즘을 이해하고, 더 나아가 이 책에서 얻는 학습경험을 자신의 삶의 가치로 발전시킬 수 있는 가능성을 공부한다. 특히 이 책은 단지 이론에 국한하여 창업정신과 리더십을 배우는 것이 아니라 이론과 사례를 동시에 학습함으로써 향후 학습자들의 실질적 응용 능력을 함양하고자 한다.

이 책의 구성과 효율적인 사용방법

이 책은 총 4가지의 접근으로 구성되어 있다.
• 이론적 접근 : 각 주제와 관련된 이론 및 프레임웍을 학습한다.
• 역사 안에서 : 제시된 이론과 프레임웍을 포스코 창업 및 청암 리더십 사례를 통해 실질적 가치를 이해하고 학습한다.
• 생각하기 : 이론과 제시된 사례를 비교해 봄으로써 학습내용의 실무적 활용 방향성을 생각하고 논의한다.
• 복습을 위한 질문 : 제시된 사례를 단원별 이론 및 관점을 토대로 재해석함으로써 이론과 실무사례의 관계를 정확히 이해하고 학습한다.

※ 일러두기

– 포스코(POSCO)는 1968년 사명을 '포항종합제철주식회사'로 창립하고, 2002년 '주식회사 포스코'로 사명을 변경하였다. 이 책에서는 '포스코'로 통일한다. 단, 인용한 대화체에서는 '포항종합제철 주식회사'를 줄여서 부르는 '포철' 등을 그대로 표기하였다.

– 이 책의 〈역사 안에서〉에 소개되는 박태준과 포스코의 사례는 대부분 이대환의 평전 『박태준』에서 찾아내 인용하였으며 '포스코의 창업정신'과 '청암의 리더십'에 공용되는 사례의 경우는 중복 인용하였다.

포스코의 창업정신과 청암의 리더십

POSCO's Entrepreneurship
and Leadership of Tae- Joon Park

최동주 김규동 차윤석
공저

아시아

포스코의 창업정신

資源은 有限　創意는 無限*
Resources are Limited　Creativity is Unlimited

　무에서 유를 창조하겠다는 도전정신, 민족적 염원을 실현하겠다는 자긍심, 애국적 의지를 불태우는 강한 집념, 포스코의 정신은 '**제철보국**'이었다. "창업 이래 지금까지 제철보국이라는 생각을 잠시도 잊은 적이 없다. 철은 산업의 쌀이다. 쌀이 생명과 성장의 근원이듯 철은 모든 산업의 기초 소재다."(박태준, 1978년 직원을 대상으로 한 특강)

　"포스코가 국가산업의 동력이 되어서 대단히 만족스럽다. 더 크게 성장해 세계 최강의 포스코가 되길 바란다. 애국심을 가지고 일해 달라."(2011년 12월 13일 박태준의 마지막 유언).

　'짧은 인생을 영원 조국에'라는 좌우명으로 살았던 청암은 기업가정신을 토대로 무에서 유를 창조해 냈다.

　포스코의 창업정신을 배우는 것은 역사적으로 포스코를 이해하지 않고서는 불가능한 일이며, 포스코의 창업정신을 배우는 것은 그것을 삶으로 실천한 청암의 리더십을 이해하지 않고서는 불가능한 일이다.

---

* 포스코 포항제철소와 광양제철소 정문에 있는 슬로건. 이것은 미국 코넬대학의 밀코비치(George T. Milkovich), 보드로(John W. Boudreau) 교수의 「Human Resource Management」(8th, Irwin, Chicago. 1997) 첫 페이지에 인적자원관리의 중요성을 설명하기 위해 제시된 사례이기도 함.

Module 1
해빙 Unfreezing

① 변화의 필요성

학습목표

이 장에서 숙지해야 할 사항

1. 변화의 3단계를 이해한다.
2. 변화의 필요성과 조직의 성공을 위한 과정을 이해한다.
3. 기존과는 다른 방식으로 변혁을 통해 조직성공을 이끈 청암의 관점을
   학습하고 이해한다.

기업에서 변혁을 어떻게 이룩하는가? 여러 가지 방법들 중에 실무적으로 가장 설득력 있는 르윈(Lewin)의 모델을 맨 먼저 생각해볼 수 있다. 르윈에 따르면 이 세상 모든 것에는 두 가지 힘(마치 동양사상에서 음과 양처럼)이 존재한다. 하나는 현 상태를 유지하려는 힘이고 다른 하나는 현 상태를 깨뜨리려는 힘이라고 한다. 이들 두 힘이 균형을 이루고 있기 때문에 사물은 어떤 형태를 띠고 있고 우리의 마음은 어떤 상태로 정해져 있다는 것이다. 따라서 변화하려면 이들 두 힘의 균형이 무너져야 한다고 한다. 르윈은 그 과정을 3단계(Unfreezing: 해빙 → Changing: 변화 → Refreezing: 재결

빙)로 설명하며, 이 3단계 중 어느 하나가 빠져도 변화가 오기 어렵다고 보았다.

조직 내 변화의 필요성을 인식하고 확산시키기 위해서는 구성원 스스로가 "chaos-making," 즉 창조적 파괴를 스스로 추구하여야 한다. 이때 혼돈을 초래한다는 것은 기존의 가치나 사고 또는 행동의 연속선에서는 효과적인 변혁이 일어나지 못하기에, 앞서 언급했듯이 급격한 변화를 가져오기 위한 조치이다. 하지만 야기한 혼돈은 혼돈 그 자체로서 끝나서는 안 되며 반드시 창조로 이어져야 하기 때문에 조직의 기존 존재이유(예: 경영이념)를 유지하면서 조직의 각 수준별로 적절한 변화노력을 추구하여야 한다. 특히 이 경우에는 최고경영자(CEO)의 변혁을 위한 창조적 파괴노력이 매우 중요한 역할을 한다. 주로 이러한 접근은 상의하달(top-down)식으로 이루어지곤 한다. 이러한 과정을 다음 그림을 통해 살펴보자.

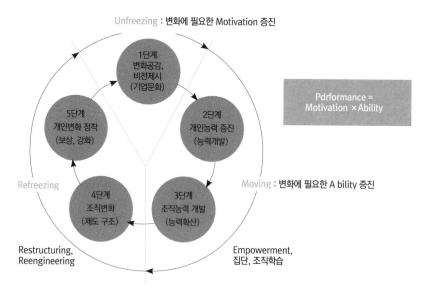

Lewin의 변화모델

기업이 무에서 유를 창조하는 수준의 혁신과 변혁을 성공적으로 이끌기 위해서는 가장 먼저 조직변혁의 필요성을 구성원 모두 인식하고 공감하는 것에서부터 혁신과 변혁이 시작되어야 한다. 르윈의 변화 모델에 따른 조직 혁신의 성공공식은 다음과 같다. 변혁의 필요성과 인식의 공감, 이를 토대로 제시하는 명확한 조직의 비전, 이를 수행할 수 있는 구성원들의 신념과 역량 그리고 실력, 마지막으로 이를 지원하는 조직차원의 제도-구조 등 인프라, 이러한 것들이 제대로 충족되었을 때 조직은 성공적으로 지속적인 성장(sustainable growth)을 추구할 수 있다.

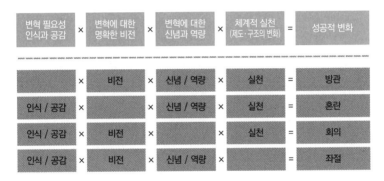

조직변혁의 성공요건

모든 조직은 성공적 변화 및 성장을 추구한다. 다만 성공적 변화를 위해서는 조직변혁의 필요성 인식과 공감, 변혁에 대한 명확한 비전, 변혁에 대한 신념과 역량, 제도-구조의 변화가 동시에 수반되어야 한다. 그렇지 않으면 그 성공은 불가능하다. 특히 이 요소들 간의 관계는 합이 아닌 곱의 관계로서 어느 하나라도 충족되지 못하면 조직이 원하는 성장을 위한 혁신과 변혁은 불가능하게 된다

변화의 필요성 – 개인

　1945년 8월 15일, 일본 천황이 항복 선언을 했다. 와세다 대학 기계공학과 1학년 박태준은 피난처에서 라디오 앞에 쪼그리고 앉아 그것을 들었다. 가슴이 쿵쾅거렸다. 일본 항복, 조국 해방! 일본 땅만 아니라면 거리로 달려 나가 만세를 외치고 싶었다. 박태준은 가족과 함께 고향으로 돌아왔다. 와세다 대학을 중퇴해 버렸다. 1947년 가을, 그는 스무 살이었다. 조국의 현실을 똑바로 보고 정확한 판단을 하려는 날들을 이어가고 있었다. 그해 겨울에도 그의 칩거는 계속되었다. 해방이 되었으나 조국은 남북으로 갈라졌다. 남과 북은 서로 다른 건국을 준비하는 중이었다. 남한은 이념적 갈등과 대립으로 극심한 혼란에 빠져 있었다. '이 혼란한 땅에서 내가 꼭 해야 할 일은 무엇인가?' 겨울이 물러나는 무렵, 박태준은 드디어 오랜 자문(自問)에 대한 답을 얻었다. '건국에는 반드시 건군(建軍)이 있어야 한다.' 그는 자리를 박차고 일어섰다.

　군인! 조선이 일본의 식민지가 되었던 것은 나라를 지킬 힘이 없었기 때문이다. 나라의 힘이란 여러 가지가 합해져서 되는 것이지만, 분명히 중요한 것의 하나가 군대의 힘이었다. 박태준은 부산 국방경비대에 들어갔다. 능력 있는 사람은 사관학교 후보생으로 발탁하여 장교로 임관시킨다고 했다. 그 매력이 박태준의 마음을 더 끌어당겼다. 공부 실력으로나 체력으로나 장교가 될 자신이 있었다.

변화의 필요성 – 국가

1960년대 한국은 절대 불가능한 상황에 처해 있었다. 절대다수의 사람들에게는 그 불가능의 인식이 일상화되고 관념화되어 있었다. 우리는 아무것도 할 수 없다는 체념이 사회적으로 만연한 시절이었다. 그러나 박정희는 '우리도 할 수 있다'는 자신감을 불어넣으려 했다. 박태준은 그 모범을 보여주고 싶었다. 세계 최고의 분석기관들이 한국의 제철산업(종합제철 건설과 경영)은 불가능하다, 그것도 절대 불가능하다고 했을 때, 박태준은 어떻게 했을까? "나는 해냅니다. 기어코 해냅니다. 그것이 내가 이 땅에 태어난 의미입니다." 일본 수상 후쿠다 다케오 수상이 박태준의 그 말을 인상 깊게 들었다. 후쿠다 수상은 회고를 통해, "나는 그(박태준)의 단호한 태도에 매우 놀랐고, 당신이라면 가능할지 모른다고 생각했다. 마침내 그는 내 예측을 비웃기라도 하듯 해냈다. 경이로운 일이 아닐 수 없다."고 말했다. 어떤 역경도 넘어설 수 있다. 어떤 불가능도 가능으로 바꿀 수 있다. 절대 불가능은 절대로 존재하지 않는다. 그러한 의지가 굳은 신념이 되고, 신앙이 되었을 때, 반드시 '해내고 만다'는 치열한 욕구는 강렬한 성취 의지가 되고 성취 정신이 되어 박태준의 사상이 되었다.

누구에게나 희망이 보이지 않는 상황은 존재한다. 마침내 희망이 완전히 사라져버린 절망적 상황도 존재한다. 사람은 희망이 완전히 사라진 절망적 상황도 겪을 수 있다. 그때 절대적 절망은 절대로 없다는 절대부정이 가능할까? 이것은 순명(殉命, 목숨을 걸고 목숨을 바친다는 것)의 의지이다. 순명의 의지로 주관과 객관이 하나가 되고, 신념과 행동이 일치하는 절대정신이 형성되는 것이다. 박태준은 자신의 일생에서 어떤 극한 상황에도 '절대적 절망은 없다'는 사실을 실체화시켰다. 절대적 절망을 극복한 원천은 무사심(無私心, 자기 개인을 위한 욕심을 갖지 않는 것)과 결백성(맑고 깨끗해서 허물이 없는 성품)에서 찾을 수 있다. 무사심이 공심과 공익을 위한 마음가짐이라면, 청렴은 스스로에 대한 욕심의 자제 행위다. 조직 구성원의 보편적 가치인 절대적 사익추구를 절대적 공익추구로 바꾸어 놓으면서 조직 구성원들의 마음을 열고 마음을 움직이고, 진정으로 믿고 열정을 불러일으키고, 목숨까지 아까워하지 않고 온몸을 바쳐 일하게 하는 원동력이 되었다. 지도자의 무사심과 결백성이 조직 구성원들의 감동과 신뢰를 깊게 하고 소통을 원활하게 해서, 어느 조직에서나 발견되는 보편적 가치를 특수한 가치로 바꾸어 놓은 것이다.

일은 통하는 마음으로 한다. 서로 통하는 마음이 없으면 어떤 일도 되지 않는다. 감동하지 않으면 통하는 마음은 없다. 통하는 마음은 모두 감동하는 마음이다. 박태준의 성취는 포스코 사람들의 감동이 불러온 성취이다. 그의 일생에서 "절대적 절망은 없다, 절대적 불가능은 없다, 절대적 사익은 없다"는 것이 박태준 사상이 되었다.

변화의 필요성 – 산업

박태준은 농경사회를 산업사회로 변화시키려는 제1차 경제개발 5

개년 계획의 목표에 접근하려면 '중공업 집중육성'과 '산업인프라 구축'이 우선돼야 한다는 시대적 판단에 동의했다. 인구의 80퍼센트를 차지하면서도 피폐해진 농촌부터 현대화하려는 목표가 최우선이어야 한다고 주장하는 경제학자들도 있었지만, 산업화에 성공하기 위해서는 중공업과 인프라 건설을 우선시하는 정책이 더 효과적이라는 판단을 확고히 했다. 초근목피의 춘궁기를 영원히 추방하기 위한 비료공장, 공장에 동력을 공급할 발전소와 정유공장, 모든 산업의 기간이 되는 제철공장, 건설에 필수적인 시멘트 공장, 물류를 보장할 고속도로·철도·항만건설 등이 핵심 사업으로 선정되었다.

1962년은 한국사회가 오천 년 농경사회의 막을 내리고 산업사회로 진입하려는 국민 총동원의 체제로 굳어지는 대전환의 시기였다. 그러나 국가경제의 실태는 너무 어려운 상태였다. 전력, 공장, 도로, 항만, 공항 등은 무(無)의 상태와 진배없었다. 산업화를 성공시키기 위한 기간산업 중의 기간산업으로 '석유와 철'을 꼽을 수 있다. 우리나라에서 석유는 수입해올 수밖에 없어도 철은 우리 손으로 만들어야 한다고 통치 차원의 결의를 거듭했으나, 종합제철소 건설은 1965년에 들어서야 가장 중요한 국가적 프로젝트로 자리 잡았다. 철은 우리 생활 속에서 뗄 수 없도록 깊이 얽혀 있다. 작은 바늘과 핀에서부터 날마다 쓰는 숟가락 젓가락은 말할 것도 없고, 선풍기며 냉장고 같은 모든 가전제품과 기차, 자동차, 조선은 물론이고 이 세상의 모든 기계, 모든 무기 그리고 비행기와 우주선에 이르기까지 모든 산업에 철이 필요하다. 철이 없이는 생활도 유지할 수 없다. 박태준은 이런 철을 '산업화의 쌀'로 묘사했으며, '기필코 제철소를 성공시켜 오천 년 절대 빈곤의 사슬을 끊고 사람다운 삶을 영위할 수 있는 나라를 건설하는 데 앞장서겠다'는 각오를 다졌다.

생각하기

1. 국가와 포스코가 공유하였던 변화의 필요성 중 시대적 소명은 무엇이었는지 생각해 보자.

2. 조직변혁의 성공공식을 고려하여 포스코가 창업초기에 한 역사적 사실을 하나씩 연결시켜 보자.

복습을 위한 질문

1. 포스코가 설립되게 된 변화의 필요성(시대적 변화 요구)는 무엇인가?

2. 포스코가 초기에 경험했던

1) 창업 필요성 인식과 공감,
2) 포스코의 명확한 비전,
3) 구성원들의 신념과 역량에는 어떤 것이 있었는가?

② 비전 제시 및 공감

학습목표

이 장에서 숙지해야 할 사항

1. 성공적 조직혁신을 위한 비전의 필요성과 그 역할을 이해한다.
2. 제시된 비전을 전 구성원들이 공유하는 과정을 이해한다.
3. 비전 제시 및 공감을 위한 청암의 사례를 학습한다.

비전이란 무엇인가? 비전이란 흔히 '성취하고 싶은 미래의 이상적인 상태'라고 정의되지만, 그 밖에도 다양한 정의가 존재한다. 어떤 학자는 '어떤 상품, 서비스 또는 조직을 대상으로 리더가 달성하고 싶은 머릿속의 이미지'라고 정의한다. 또 다른 학자는 '조직이 추구하는 이상으로, 조직의 공유가치를 반영하는 것'이라고 정의한다.

이와 같이 비전이란 무엇을 대상으로 하는가에 따라 다양하게 정의되는데, 그 안에서 공통점도 찾아볼 수 있다. 즉, 미래를 말하고, 이상적인 모습을 의미하며, 리더가 달성하고 싶어 한다는 것이다. 이들은 어떤 정의를 하든 비전의 공통된 핵심요인이다.

비전의 속성은 일반적으로 7가지 기준으로 평가를 한다. 간결성, 명확성, 구체성, 도전성, 미래지향성, 진취성, 그리고 동기유발 정도 등이다. 이러한 관점에서 보면 국내 기업들이 추구하는 기업의 비전을 보다 쉽게 이해할 수 있다. 가령, 1990년대에 현대자동차그룹은 'GT10'이라는 비전을 내세워 세계 자동차시장을 공략했다. 'GT10'이란 Global Top 10을 뜻하는 것으로 2000년도 안에 글로벌 자동차 경쟁사들 중에서 10위 안에 들겠다는 비전이었다. 이 비전문을 분석해 보면, 매우 간결하고 명확하며 구체적이고 도전적, 미래지향적, 진취적임을 느낄 수 있다. 그러나 최근에는 기업의 비전에 그 기업이 추구하는 궁극적인 가치(value)를 담고 있어야 한다는 주장이 제기되고 있다. 이러한 관점에서 보면 'GT10'을 통해 현대자동차그룹이 추구하는 기업의 진정한 가치를 이해하기는 쉽지 않다.

사람들이 왜 집단을 형성하고 소속감을 느끼는가? 축구, 농구, 혹은 야구 팀의 전국대회에 뒤이은 축하연을 생각해보자, 팬들은 다른 누군가의 성과에 자신의 이미지를 걸어왔다. 이기는 팀의 지지자들은 고무되며 그 팀의 지지자를 알리는 팀 관련 셔츠 및 모자의 판매가 급증한다. 지는 팀의 팬들은 낙담하며 심지어 당혹해 하기도 한다.

소속되어 있는 회사가 언론의 부정적인 주의를 받을 때의 수치심, 혹은 만약 누군가가 자신의 회사를 비난할 때 일어나는 분노나 방어 등에 대해 생각함으로써 감정적인 애착심과의 관계를 알 수 있다. 집단의 성취를 위해 개인적으로 자랑을 하거나 분노를 일으키는 우리의 경향은 사회정체성(social identity)의 영역에서 설명될 수 있다.

사회정체성이론은 자존심이 집단성과와 연계되어 있으므로 사람들은 그들 집단의 실패나 성공에 감정적인 반응을 갖는다고 한다. 집단이 일을 잘할 때 당신은 승리하는 팀의 일원이기 때문에 명예를 얻고 당신의 자존심은 상승된다. 집단의 실적이 나쁘면 당신은 자신에 대하여 초라하게 느끼거나 심지어 '자랑스러운 모습만을 좋아하는 사람들처럼' 당신의 정체성을 일부러 부인하게 될 수도 있다. 사회정체성은 또한 사람들로 하여금 그들이 누구이고 무엇을 해야 하는지에 대한 불확실성을 줄여주도록 한다.

이러한 사회정체성의 굳건한 확립은 조직이 추구하는 비전과 미래에 대한 방향을 조직 내 구성원들이 함께 공통의 언어(common language)로 이해할 때 비로소 형성된다. 이러한 관점에서 보면 청암이 제시한 비전, 특히 역사적 소명 그리고 제철보국이라는 비전은 사회정체성이론 측면에서 조직 구성원들 간의 강한 연대감을 형성하는 데 매우 중요한 역할을 하였다. 사회정체성은 언제 생기고 또 향상되는가? 다음과 같은 특성들이 사람들에게 중요한 사회적 정체성을 만든다.

유사성 | 조직체의 다른 구성원들과 동일한 가치관이나 특성을 가진 사람들이 보다 높은 수준의 집단정체성을 갖는 것은 놀라운 일은 아니다. 인구통계적 유사성 또한 신입사원을 더 강한 일체감으로 이끌 수 있는 반면, 인구통계적으로 다른 사람들은 그 집단과 전체적으로 동일시하는 데 어려움을 갖는다. 이를 위해 청암은 내부 구성원들을 관리함에 있어 타회사의 급여수준과 근무여건이 포스코보다 더 좋아 포스코를 떠나는 직원을 만류하지 않았다. 오히려 이런 사람들이 조직을 빨리 떠날수록 포스코는 더 발전할 수 있다고 생각했다. 다만, 제철보국이라는 역사적 사명을 갖고 일을 하는 사람들이 조직 내 부조리나 불편한 근무여건으로 인해 포스코를 떠나는 것에 대해서는 절대 발생해서는 안되는 일이라고 강조하면서 현장 부서장들의 리더십에 각별한 관심을 가졌다.

차별성 | 사람들은 그들이 다른 집단과 어떻게 다른가를 보여주는 정체성에 보다 더 주목하게 된다. 한 연구에서는 응답자들은 특별한 인구통계적 특성을 나누어 갖는 작업집단의 사람들과 더 강한 일체감을 부였다 예를 들며 모두 남자들로 구성된 작업집단에 있는 2명의 여성들은 서로 공통되는 차별적 정체성으로 서로 친밀한 관계를 가질 수 있다. 또 다른 연구결과에 의하면, 수의학(모두

가 수의사) 분야에서 일하는 수의사들은 그들의 조직체와 일체감을 갖고, 동물연구나 식품검사와 같은(수의사가 되는 것이 더 차별적 특성인 경우) 수의학이 아닌 의료부문에서의 수의사들은 그들의 직업에 일체감을 갖는다는 것이 밝혀졌다.

지위상태 | 사람들은 자신을 정의내리고 자존심을 높이기 위하여 정체성을 사용하기 때문에 자신들은 높은 지위상태의 집단과 결합시키는 데 더 관심을 갖는다. 유명한 대학의 졸업생들은 모교와의 연관을 강조하고 또한 기부금을 낼 가능성이 높다. 유명한 로펌의 구성원들도 마찬가지로 그들의 높은 지위상태를 광고하고자 한다. 사람들은 낮은 지위의 조직과 동일시하지 않으려고 하고 그런 정체성을 버리기 위하여 행동의 방향을 바꿀 가능성이 높다.

불확실성의 감소 | 집단의 구성원들은 또한 일부 사람들이 그들이 누구인지 그리고 세상과 어떻게 어울리는지를 이해하는 데 도움을 준다. 한 연구는 독립회사의 설립이 직원들이 옛날 모회사와 일체감을 가지거나 그 사업부가 되고 있는 것과 더 긴밀하게 일치하는 독특한 정체성을 발전시키는 것에 관한 의문을 일으켰는지를 보여주었다. 이러한 구조조정회사들은 직원들이 혼란에 빠져 있을 때 이 새로운 조직체에 대한 이상적인 정체성을 규정하고 전달하기 위해 일했다.

지금까지 살펴본 사회정체성 이론에 따르면 결국 구성원들은 조직이 추구하는 가치와 비전에 대한 공유와 이해를 통해 비로소 조직과 동일시된다고 볼 수 있다. 조직이 보다 적극적이고 진취적이고 도전적인 문화를 갖추기 위해서는 무엇보다 우선적으로 구성원의 변화의욕을 키워야 한다. 즉, '할 수 있다(can do)'라는 자신감뿐만 아니라 '해야만 한다(must do)'라는 사명감, 더 나아가 '하고 싶다(want to do)'라는 성장과 변화에 대한 간절한 마음이 일어나게 해야 한다. 이를 위해 가장 효율적인 수단이 바로 명확한 비전의 제시와 함께 이를 모든 구성원들의 공통 언어(common language)로 만드는 것이다.

역사 안에서

비전 제시

박정희 대통령으로부터 종합제철소 건설의 총괄 및 책임을 제의 받았을 때, 청암은 '사업 타당성', '예상 수익' 등 경제적 관점에서 사업 기회를 모색하고 평가하려고 하지 않았다. 종합제철소를 통해 생산될 철은 산업의 성장과 발달에 있어 밑거름이 될 것이고, 그로 인해 가난했던 나라가 부강해지고 어려운 국민의 삶이 개선될 수 있다는 '제철보국'의 이념을 기반으로, 제철소 건설을 하나의 사업(Business) 관점에서 평가하고 기회를 추구하기보다는 자신이 희생해서 달성해야 할 사명으로 인식하였다.

청암은 창업 초기 현장에 모인 조직 구성원들에게도 책임정신과 희생정신으로 자신의 과업에 임할 것과 제철소 건설은 '우리 세대가 이뤄야할 역사적 사명'으로 인식하길 강조했다.

"우리조상의 혈세로 짓는 제철소입니다. 실패하면 조상에게 죄를 짓는 것이니, 목숨 걸고 일해야 합니다. 실패란 있을 수 없습니다. 실패하면 우리 모두 '우향우'해서 영일만 바다에 빠져 죽어야 합니다. 기필코 제철소를 성공시켜 나라와 조상의 은혜에 보답합시다. 제철보국! 이제부터 이 말은 우리의 확고한 생활신조요, 인생철학이 되어야 합니다."

'조상의 혈세'는 포철 1기 건설에 투입되는 일제식민지 배상금을 의미했다. 오른쪽으로 돌아서서 곧장 바다에 투신하자는 '우향우 정신'은 비장한 애국주의를 고양했다. '제철보국,' 제철로서 조국의 은혜를 갚고 조국 세우기에 이바지하자는 것은 민족과 국가를 위한 대역사에 참여한다는 자긍심을 조직에 불어넣었고 빠르게 '포스코 정신'으로 뿌리내렸다.

비전 공유하기

청암은 구성원들이 주어진 과업에 대해 진정으로 '하고 싶어서 하는' 마음을 갖고 있는지를 항상 유심히 관찰했다. 구색을 갖추기 위한 설비계획이나 전시행정, 사실에 입각하지 않은 형식적인 보고 행정이 경영부실의 근원적인 요소임을 수시로 강조함으로써 마지못해 형식적으로 하는 창조경영 활동이 되지 않도록 한 것이다. 모든 구성원들로 하여금 헛돌고 있는 공간이나 빈틈들이 어디에 어떤 형태로 존재하는지를 수시로 찾아내어 메우게 함으로써 그들의 행동이 회사의 비전 및 목표달성에 실질적인 기여를 하게 됨을 명확히 인지하게 만들었다. 그 결과 구성원들의 사고와 행동이 점차적으로 진심과 실질로 바뀌어 가게 되었다. 이렇듯 청암의 실질 및 실용주의 경영철학은 구성원들의 진실된 마음과 실질적인 행동을 유발시켜 직무소명의식을 더욱 강화하는 데 크게 영향을 미쳤다.

정보와 정시을 공유하고 일체감과 단결력을 더 높이기 위한 사보의 필요성이 대두했다. 1971년 4월 포스코는 창립 3주년에 사보《쇳물》창간호를 발행한다. 박태준은 육필로 휘호를 썼다. "무엇이든지 첫째가 됩시다!" 그는 사보의 역할과 기능이 궁극적으로 '과업달성에 선용'되기 위해 '다수 직원의 의견이 응축된 미디어'로 만들어야 한다고 기본방향을 제시했다.

포스코 구성원들은 다른 조직의 구성원들보다 달성해야 할 목표를 명확하게 인지하고 있었다. 성공의 이유가 명확했고 구성원들의 사명감으로 동기화되었기 때문이기도 하지만, 무엇보다 청암의 비전이 조직원들에게 수시로 전달된 점이 유효했다. 그는 현장을 누비면서 각 단위조직 별 목표에 대해 명확하고 정확하게 제시하였으며, 제철소 건설 과정은 물론 일면생산 · 일면조업 과정에서도 단기, 중기, 장기목표와 그 로드맵(roadmap)을 정확하게 전달했다. 그가 제시하는 목표 자체가 정량적이었으며 선후관계 또한 명확했다.

이러한 영향으로 다수의 구성원들은 전사적 발전 방향에서부터 단위 조직의 목표, 개인의 성장 목표에 대해 명확하게 인식하고 있었다. 또한 비전과 목표의 정렬은 포스코의 발전 방향에 대한 구성원들의 이해와 공감의 수준을 높였다.

비전의 제시 및 공감에 관한 청암의 사례

1971년 7월. 청암은 열연공장 기초공사가 3개월이나 지연되고 있다는 사실을 보고받고는 온몸이 오싹해졌다. "박 사장님, 3개월 이상 지연된 공기를 만회할 방법이 없습니다. 설비인도계획을 공사 진척도에 맞추기 위해 조정하는 것이 좋겠습니다." 일본기술단 감독의 건의를 받은 청암은 그것을 한귀로 흘려버린 채, 이유가 어떻든 이거야말로 가장 큰 내부 위기라고 판단하여 장비와 인력을 점검한 뒤 공정보고서 위에다 붉은 글씨로 '9월-700입방미터'라 쓰고 특명을 내렸다. "9월 중에는 무조건 하루에 700입방미터의 콘크리트 타설을 실시하라!" 하루에 많아야 300입방미터를 타설할 수 있었던 건설현장은 24시간 일할 수 있도록 조를 편성했다. 청암은 하루 3시간 눈을 붙이고 쉴 새 없이 현장을 독려했다. 시간이 지날수록 하청업자들은 박 사장의 신념과 포스코 직원들의 순수한 사명감, 책임정신, 단결력 등에 감화되기 시작하여 그들 스스로가 이 계획에 자발적으로 참여하기 시작했다. 그때의 하청업체 사람들은 "돈벌이보다는 우리도 한번 해보자"는 심정이었다. 일본인 우츠미가 '기적'이 일어나야 성공할 것이라 했던 '열연공장 기초공사 3개월 지연'을 한 달 만에 따라잡았다.

1. 해방과 전쟁 등 혼란기의 사회와는 다르지만 다각적으로 변화하는 환경과 스스로가 처한 처지에서 우리는 변화의 필요성을 느끼게 된다. 개인적 차원에서, 공동체의 차원에서 지금 변화를 필요로 하는 부분이 무엇인지 생각해 본다.

2. 비전이 없다는 것은 나아갈 방향을 잃은 것과 같다. 항해를 하는데 나침반이 없으면 어느 방향으로 나아가야 할지 알 수 없다. 또 길을 나섰으나 어디를 목표로 나섰는지 알 수 없는 것과 같다. 대한민국에 간절히 제철소를 건설하고자 했던 '필요성'을 시대적 특성을 고려하여 생각해 보자.

———————

복습을 위한 질문

———————

1. 변화의 필요성은 기업가정신에 어떠한 의미를 갖고 있는가?

2. 성공적 조직 변화를 위해서는 변화 필요성에 대한 이해가 반드시 선행되어야 하는가? 그렇다면 그 이유는 무엇인가?

3. 사회정체성이론(social identity theory) 측면에서 포스코 설립 당시 청암의 활동들에 대해 논의해 보자.

① 능력개발

조직의 성과(performance)는 구성원들의 능력(ability), 동기부여(motivation)와 함수관계를 이루고 있다. 조직에서 무엇인가를 하기 위해서는 비전을 제시하고 그 비전을 구성원 모두가 공감하고 공유함으로써 비로소 구성원들에게 동기가 부여된다. 이러한 동기부여를 열정(passion)이라고 칭하기도 한다. 높은 열정, 즉 높은 동기부여는 구성원들과 함께 조직목표를 달성하기 위해 무엇인가를 하는 데 매우 중요한 요인 중의 하나다. 그러나 구성원들의 동기부여 수준이 매우 높은 수준임에도 불구하고 무엇인가를 달성할 수 있는 능력 또는 역량(competency)이 없다면 조직목표를 달성하기는 불가능하다.

조직의 성과를 높이기 위해서는 개인의 능력 향상이 반드시 선행되어야 한다. 많은 기업들은 이를 위해 구성원들의 능력(역량) 향상에 기여할 여러 가지 프로그램을 설계하고 운영해 오고 있다. 이러한 프로그램의 성공적 운영을 위해서는 조직 구성원들이 어떠한 프로세스를 통해 성과를 창출하는지에 대해 제대로 이해하여야 한다. 구성원들의 성과를 위한 공식은 다음과 같다.

성과(Performance) = 동기부여(Motivation) × 능력(Competency)

현대의 동기부여이론들 중에서 자아 동기부여 관점의 자기효능감(self-efficay)은 위의 공식을 충분히 설명할 만한 의미 있는 개념이다. 자기효능감(self-efficacy, 사회인식이론 또는 사회학습이론이라고도 한다)은 어떤 과업을 수행할 수 있다는 개인의 믿음을 말한다(Bandura, 1978). 자기효능감이 높을수록 사람들은 성공할 능력에 있어 더 많은 확신을 갖는다. 그래서 어려운 상황에서 낮은 자기효능감을 가진 사람들은 그들의 노력을 덜하게 되거나 완전히 포기해 버릴 가능성이 많다. 반면에 높은 자기효능감을 가진 사람들은 그 난제를 풀기 위하여 더 열심히 노력할 것이다. 또한 자기효능감이 높은 개인들은 부정적인 피드백에 대해 더 많은 노력과 동기부여로 반응을 하는 반면, 자기효능감이 낮은 사람들은 부정적인 피드백을 받았을 때 노력을 덜 하게 될 가능성이 많다.

반두라(Bandura)는 자기효능감이 높아질 수 있는 4가지 방법을 제안하였다.

1. 성공경험(enactive mastery)

해당 과업이나 직무와 관계되는 경험을 얻는 것이다. 만약 구성원이 직무를 성공적으로 할 수 있었다면 미래에도 그 일을 할 수 있다는 믿음과 확신을 갖게 된다.

2. 대리 모델링

조직 구성원이 누군가 특정 일을 하는 것을 보았기 때문에 자신도 이 일을 수행(완수)할 수 있다는 자기 능력에 대한 믿음을 갖는 것이다.

3. 구두 설득

누군가 당신이 특정 직무를 성공적으로 수행할 수 있는 기술과 능력을 갖고 있다고 당신에게 말하기 때문에, 당신은 스스로 그 직무를 성공적으로 수행할 수 있다는 개인 능력에 대한 믿음을 갖게 된다.

4. 각성(arousal)

이는 개인을 활력이 넘치는 상태로 만들며, 그 결과 당사자는 과업을 성공적으로 완수할 수 있다는 믿음을 갖게 된다.

또 다른 구성원들의 동기부여를 위해서는 목표설정이론(goal-setting theory)을 살펴볼 필요가 있다. 1960년대 말, 에드윈 A.로크(Edwin A.Locke)는 목표를 향해 일하려는 의도가 작업 동기부여의 주요한 원천이라고 주장했다. 즉, 목표는 종업원에게 무엇을 해야 하는지, 얼마만큼 노력은 해야 하는지를 말해준다. 그 증거들은 목표의 가치를 크게 뒷받침해준다. 보다 중요한 것은, 우리는 구체적인 목표가 성과를 증대시키기 어려운 목표로 받아들여질 때 쉬운 목표보다 높은 성과를 가져오며, 피드백은 그것이 없을 때보다 더 높은 성과를 가져온다고 말할 수 있다. 구체적인 목표는 '최선을 다하라'라는 일반적인 목표보다도 높은 수준의 성과를 낸다. 그 이유는 목표의 구체성 자체가 하나의 내적 자극으로 작용하는 것처럼 보이기 때문이다. 예를 들어 트럭운전사가 서울과 부산 사이를 매주 12번 왕복 운행할 때, 이러한 의도는 그에게 달성하려고 하기 위한 구체적인 목표를 제시해 준다. 모든 조건이 같다면 구체적인 목표를 갖고 트럭 운전사는 목표가 없거나 '최선을 다하라'라는 일반적인 목표를 갖고 있는 동료들보다 더 높은 성과를 낼 것이다.

따라서 리더는 개인들의 능력을 개발하는 것도 중요하지만 스스로 동기부여 되어 그들의 능력을 최대한 성과에 표출할 수 있도록 하는 것도 매우 중요한 일이다. 이러한 관점에서 보면 청암의 자기효능감과 구체적인 높은 목표 제시는 매우 의미 있는 사례이다. 더구나 개인 능력을 향상시킬 수 있는 프로그램 같은 것이 하나도 제대로 갖춰지지 않았던 당시의 상황을 고려해볼 때 그 의미는 더 높아진다.

역사 안에서

능력개발 - 제철 기술서적(솔선수범)

2기 설비의 초기공사가 순조롭게 진행되고 있던 1975년 봄. 박태준은 원료수입의 다변화를 서둘러야 한다고 판단했다. 이번에도 그의 원칙은 확고했다. "어느 나라, 어떤 업자와 계약하든 세계 굴지의 제철소보다 좋은 가격에 장기구매계약을 맺어야 한다. 또 합작개발도 추진해야 한다."

포스코 사장의 비행 일정은 빡빡하게 짜여졌다. 호주와 뉴질랜드로, 인도로, 브라질과 페루로, 캐나다와 미국으로. 밤이 가장 짧은 하지가 다가왔다. 그러나 영일만은 이미 잠들지 않는 시대를 살고 있었다. 공기를 앞당기기 위한 건설현장의 마지막 인부가 잠자리로 돌아간 밤에도 영일만 앞바다는 늘 깨어 있었다. 벌써 200만 톤 넘는 쇳물을 생산한 제1고로를 비롯한 일관제철소의 모든 현장이 24시간 내내 눈 깜짝할 틈도 없이 가동되기 때문이다. 영일만 앞바다의 꺼질 줄 모르는 수천의 불빛은 제철산업의 숙련 기술자로 변모해가는 모든 조업현장의 잠들지 않는 수천의 눈빛이었다. 이제 영일만 앞바다는 3교대체제로 돌아가는 포철 직원들이 밤을 꼬박 새우고 있기에 어느 밤도 잠들지 못하는 운명을 받아들여야 했다.

박태준은 1970년 4월 1일 착공식 이래 한결같은 자세를 견지했다. 출장이 없어 포항을 지키는 날이면 그는 무조건 현장을 누비고 다녔다. 전투현장을 독려하는 지휘관처럼 지칠 줄 모르고 공장의 구석구석에 발자국을 남기며 문제점을 찾아냈다. 아득한 허공의 파이프라인 위로 건너가다 살짝 한 발을 헛디뎌 넘어질 뻔한 아찔한 찰나도 겪었다. 그 장면이 어떻게 카메라렌즈에 포착돼 그의 책상으로 '아찔한 사진'이 배달되기도 했다.

박태준은 꿈쩍도 하지 않았다. 현장제일주의, 솔선수범. 이 원칙은 전쟁터와 군대에서 단련된 그의 든든한 두 다리와 같았다.

박태준은 도쿄에 출장가면 꼬박꼬박 들르는 책방에서 구입해 온 제철기술 서적을 늘 머리맡에 두고 살았다. 그의 눈이 빠른 속도로 읽어낸 책을 그의 손은 여러 묶음으로 해체했다. 포스코의 해당 분야를 맡고 있는 책임자에게 넘겨주기 위한 간단한 수작업이었다. 박득표, 이대공 등 뒷날의 포스코 간부들은 한결같이 증언한다.

"박 사장님은 속독의 선수 같았어요. 일본 출장을 다녀오면 책을 뜯어서 이건 제선부장, 이건 제강부장, 이건 열연부장, 이렇게 호명하면서 나눠줬어요."

능력개발 – 기술개발 기술연구소

1977년 새해가 밝았다. 박태준은 회사 신년사를 통해, 1기·2기 설비의 안전조업과 병행하여 3기 설비 건설공사를 본격적으로 추진한다는 기본방향을 제시했다. 새해 4대 운영목표의 하나로, 기술개발체제를 확립하고 제품의 고급화를 서둘러 추진한다는 것을 포함시켰다.

박태준은 누가 대필을 하더라도 결코 자신의 생각에 없거나 어긋나는 말을 공식석상에서 내놓지 않는 원칙을 고수했다. 사전에 반드시 면밀히 읽어보고 한 단어라도 자신의 생각과 다르면 가차 없이 수정했다. 그의 인격과 성품에서 '자신의 말'은 곧 '자신의 결심'이었다. 그것은 그대로 실천으로 나타났다. 그의 공식적 언어는 대필자의 언어가 아니라 항상 그 자신의 언어였다. 이것은 평생을 관철하는 원칙이었다.

1977년 새해 신년사에 포함시킨 박태준의 '기술개발'은 1월이 채 가기 전에 곧바로 '기술연구소' 발족으로 나타났다. 그는 공장부지 안의 1만8천500평 위에 첫 단계로 제1실험동부터 착공했다. 이를 위한 기본계획은 한국과학기술연구원(KIST)을 비롯한 국내 연구기관과 일본, 호주, 오스트리아 등 세계 굴지의 철강회사가 운영하는 연구소 실태를 면밀히 조사한 바탕 위에서 벌써 6개월 전부터 확립되어 있었다. '제철기술 식민지'를 빠른 시일 안에 극복하고 '세계 최고 기술'을 축적해야 한다는 박태준의 강력한 의지의 표상이었다.

1980년대는 포항제철소의 설비합리화 사업과 광양제철소 건설사업이 추진되었으며, 시험적 차원에서 개발된 새로운 설비들이 광양제철소 현장에 실제적으로 적용되었다. 또한 국내 시장은 물론 해외 시장 진출도 본격적으로 추진되었고, 이에 따라 국내외 수요의 고도화를 배경으로 생산성 향상 및 제품의 체계적인 고부가가치화에 대한 노력을 기울였다. 이러한 사업전략을 바탕으로 기업체질강화계획 및 기술발전계획 등과 같이 기술 능력의 발전을 도모하기 위한 전사적 차원의 계획들이 수립 되는 가운데 포항제철소, 포항공대, 포항산업과학연구원(RIST)을 잇는 산·학·연 협동체제가 구축되었다.

이때는 첨단설비의 도입과 상품의 고급화를 위해 기술 확보가 중요한 사항으로 떠올랐던 시기이다. 기술 선진국의 기술이전 기피(일본의 부메랑 이론)와 포스코의 규모 확장에 대한 견제 등으로 말미

암아 기술 전수 및 학습에 많은 어려움을 겪고 있는 상황이었다. 포스코는 선진 기술정보를 획득하기 위하여 각종 문헌 및 자료를 조사하고 분석하는 작업을 전개했으며, 1987년 포항산업과학연구원(RIST)이 설립되면서 더욱 체계화되었다.

문헌조사로 포괄되지 않는 부분을 해외연수와 기술교류 등을 통해 보완했으며, 1970년대의 해외기술연수와는 달리 1980년대에는 선진업체들의 기술동향 및 경험실태 파악을 위한 해외체험 비중이 크게 증가되었다. 해외연수요원들의 기술동향에 관련된 연수보고서는 선진업체의 기술수준과 성과를 검토하는 자료로 활용되었다. 외국 철강업체와의 업무협정을 바탕으로 기술을 교류하는 공식적인 제도도 구축하였다. 당시 청암은 제철소가 기술연구소, 외부교육 및 연구기관과 상호 긴밀하게 협력하여 산학연 협력 체계를 이루면서 기술을 개발해야 한다고 생각했고, 기술의 비교우위를 확보하기 위해서는 세계 철강업을 주도하고 있는 선진 제철소 하나하나에 대한 정밀한 분석이 필요하다고 강조하였다. 그는 선진 기술이 착실히 조사되고 연구될 때 비로소 자체 기술개발 능력이 생기고 이를 바탕으로 궁극적으로는 선진 기술을 앞지를 수 있다고 생각하여, 관련 기관들과의 상호협력 등을 통해 다각도로 선진업체의 기술동향을 파악할 수 있도록 지원했다.

파악된 기술정보를 바탕으로 포스코가 기술을 개발해 나가는 과정은 많은 시행착오를 수반했다. 청암은 기술개발을 효과적으로 추진하기 위해 태스크포스팀(task force team, TFT)을 구성하여 집중적으로 관리하는 방법을 활용하였으며, 실패한 원인을 분석하고 다시 시도하는 과정을 반복함으로써 원하는 성과가 도출되도록 하였다. 태스크포스팀은 기술개발 기간과 시장진입 기간을 단축시키기 위해 연구개발, 시제품개발, 양산기술개발을 순차적으로 진행하지 않고 병렬적으로 추진했다. 포스코는 물론 RIST, 포항공과대학교(포스텍), 수요업체 등을 포괄하여 태스크포스팀을 구성함으로써 보다 종합적인 차원에서 문제점을 해결할 수 있도록 하였다. 청암은 초창기부터 '수요자 중심의 기술 개발'을 강조하였다. 효율적인 기술 개발은 항상 생산자와 수요자가 협동 체제를 갖출 때 가능하며, 신제품개발은 생산자와 수요자가 공동으로 개발에 참여할 때 보다 효율적이라고 생각했다. 이를 통해 기술혁신 관련 집단이 공동연구개발을 추진할 수 있는 분위기가 조성되었다. 특히 여러 영역에 걸쳐 있는 기술과제의 경우에는 해당 조직이 모두 참여하는 방법으로 운영되어 관련 기술의 균형적인 개발이 도모되었다.

생각하기

끊임없이 달려올 수 있었던 근본적인 힘은 머무르지 않고 나아가는 추진력에 있다. 청암은 자신의 뜻과 의지를 스스로에게만 제한시킨 것이 아니라 조직과 구성원 모두가 함께 나아갈 수 있도록 그들의 능력개발에 힘을 다하였다. 현재의 필요에 의한 능력개발이 아니라 미래를 준비하는 관점에서의 능력개발이었으며, 이를 조직에 확산시킴으로서 개인의 능력 향상이 조직의 능력 향상으로 이어지는 프로세스를 구축하였다. 나는 지금 나의 능력개발을 위하여 무엇을 하고 있는가? 그 방향과 전략은 무엇인가? 포스코의 사례와 관련 이론을 토대로 생각해 보자.

_____

복습을 위한 질문

_____

1. 능력개발과 성과의 관계는 무엇인가?

2. 포스코가 개인의 능력을 조직능력화 하는 과정은 어떠했는가?

3. 실패로부터 얻은 교훈을 조직 내부의 업무표준절차(SOP)로 구축한 사례는 무엇이었는가? 이를 개인능력에서 조직능력으로의 확산 관점에서 논의해 본다.

조직구성원 개개인의 능력이 키워졌다고 해서 곧바로 조직의 능력이 커지진 않는다. 큰 돈을 들여 해외연수를 시켜도 구성원의 향상된 능력이 개인능력에 국한되고 조직화되지 못하고 선배의 능력이 개인능력에 국한되고 조직화되지 못한다거나, 선배의 능력이 선배 자신의 능력으로 그치고 후배에게 전수되지 않는 등 능력의 전수와 확산이 취약한 것이 우리 기업의 실정이다. 즉, 특정 지식과 기술을 가진 조직구성원이 퇴사를 하면 그 기술과 지식도 같이 조직을 빠져나가는 것이다. 그 결과 개인은 뛰어나지만 그들이 모인 조직의 능력은 기대만큼 크지 못하고 있다. 따라서 우리는 개인의 능력개발과 개발된 개인능력의 조직화를 구별하여 능력확산을 위해 인위적으로라도 노력을 경주해야 한다. 여기서 능력확산 노력의 방향은 학습조직으로 기업을 육성시키는 것이다.

조직학습의 유형은 경험된 학습(experiential learning), 실험적 학습(experimental learning), 대리학습(vicarious learning) 및 도형화 학습

(mapping)으로 나눌 수 있다.

경험적 학습은 조직 내 일반화된 지식(generalized knowledge)에 의거한 계획적 행동(planned action)이 반복적으로 수행되면서 일반화된 지식 자체가 점진적으로 정교화(refinement)되고, 경험의 축적에 따라 조직 구성원의 능력이 증대하여 지식의 이용(knowledge-exploitation)이 효율화된다는 것이다. 또한 계획적 행동이 반복적으로 성공하게 되면 현재의 일반화된 지식을 정당화하여 조직행동의 일관성을 유지시켜 준다. 이같은 경험적 학습은 조직의 프로그램이나 규정에 따른 행동의 반복을 통한 학습(routine-based learning)을 가장 중요시하고 있다.

실험적 학습은 조직 내 국지적 지식(localized knowledge)에 의거한 무계획적 행동(unplanned action)이나, 아예 어떤 형태의 지식에도 의거하지 않고 일어나는 무작위적 행동(random action)에 의해 일어나는 학습이다. 이는 이미 일반화된 지식에 의거한 계획적 행동이 더 이상 조직의 환경 적응을 유지시켜 주지 못할 때 보다 유효한 지식의 탐색(exploration)을 위해 일어나는 학습으로서 시행착오적 학습과정이라 할 수 있다.

대리학습은 다른 조직체에 의해 수용된 행동유형이나 지식체계를 모방하는 간접경험을 통한 학습을 말한다. 조직학습에서는 특히 경쟁업체의 전략적 행동이나 새로운 기술도입을 관찰하고 그를 모방하는 학습과정에 주요 관심을 두고 있다.

마지막으로 도형화 학습은 조직의 하부단위나 하위문화에 의해 보유되고 있는 국지적 지식을 의도적으로 노출시킴으로써 재구성하고 일반화시키는 학습이다. 이는 조직의 직접경험이나 간접경험을 통한 학습이라기보다는 기존의 방대한 국지적 지식 중에 몇 개를 상호 충돌시킴으로써 변증법적인 통합을 시도하는 것이다. 이러한 과정이 바로 조직학습에서의 공유과정이라고 할 수 있다.

능력확산 - 첫 흑자조업

1974년 1월 중순, 박태준은 박정희의 전화를 받았다.

"지금 포철 보고서를 보고 있어."

"그렇습니까?"

포스코가 경제기획원과 재무부에 제출한 '1973년도 연차보고서'가 대통령의 책상에 올라가 있는 모양이었다.

"순이익을 표시하는 난에 제로가 너무 많이 들어간 것 같아. 1천 200달러겠지. 어떻게 가동한 지 6개월밖에 안 되는 종합제철 공장에서 1천200만 달러의 이익을 낼 수 있겠나? 제로 4개가 더 붙은 거 같은데, 이거 나를 놀리려고 일부러 실수한 거 아닌가?"

대통령이 밝은 목소리로 포스코 사장을 놀리려 했다. 하지만 박태준은 이미 한 차례 겪은 일이었다. 부총리도 그랬던 것이다. 세계 제철소 역사상 신설 제철소가 가동 첫해부터 흑자를 냈다는 유례가 없고 포스코도 당연히 처음 3년쯤은 적자를 낼 것이라고 했으니, 다시 한 번 수치를 점검해 보라고 했다. 전혀 뜻밖의 보고서에 깜짝 놀라며, 차라리 '마이너스 1,200만 달러'로 기입되어 있다면 얼른 믿을 수 있겠다고 말했다. 그처럼 대통령도 선뜻 믿지 않으려 했다.

포스코 사장과 임직원들은 서운할 수 있어도 대통령과 부총리의 첫 반응은 당연히 그럴 수 있었다. 일본을 비롯한 세계의 모든 철강 업계와 우리 정부 관계자들의 한결같은 '적자조업' 예상을 뒤엎고

가동 여섯 달 만에 1천200만 달러(약 46억 원)의 '흑자조업'이라니.

"그 수치는 정확한 사실입니다."

박태준은 명백히 대답했다.

"확실한 건가? 정말 믿어도 되는 거야?"

"주주총회에 보고하려고 7명이 넘는 공인회계사가 몇 주일에 걸쳐 면밀하게 만든 재무제표입니다. 그들은 참빗으로 머리를 빗듯이 모든 사항을 일일이 검토했습니다. 허위기재나 오류는 한 점도 없습니다."

"내가 자네의 성품을 몰라서 이러겠나? 아주 기쁘고 놀라서 이러는 거야. 자네가 기적을 일궈냈구먼. 이건 기적이야, 기적!"

박정희가 상기된 목소리로 '기적'이란 말을 선물했다.

조업을 시작하여 여섯 달 만에 1천200만 달러의 순이익을 올린 사실은, 포철과 한국정부의 단순한 기쁨에만 머무는 게 아니었다. 포철 1기, 2기, 3기, 4기에 이어 제2제철소까지 건설해나갈 '포스코와 박태준'의 국제적 신임도를 급등시켰고, 그것은 앞으로 외국 투자유치를 이끌 강력한 자석이었다.

능력 확산운동으로서의 자주관리운동

'건설은 공기단축, 조업은 예비점검'. 1979년 2월 중순에 박태준은 이 슬로건을 모든 현장에서 실천하도록 하는 것이 가장 중요하다고 판단했다. '자주관리운동'의 강화가 좋은 방법이었다. 포스코는 1973년 11월 처음 자주관리운동을 도입한 이래 꾸준히 분임조 단위의 현장 활동을 장려했다. 1974년과 1975년 두 해 동안 적용단계를 거친 뒤, 1976년부터 '자주관리 능력의 확충'을 회사 운영목표에 포함시켰다. 이로써 작업장 중시의 자주관리운동이 전면적으로 확산되었고, 1978년부터는 여섯 달 단위로 대대적인 '전사(全社) 자주관리 경진대회'를 개최했다.

1979년 2월 1일 포항 4기 종합착공식을 거행한 다음부터 박태준은 새로이 '자주관리'의 목청을 가다듬었다.

"그 어느 때보다 자주관리운동이 우리 사원들의 자발적, 주체적 동참 속에서 이뤄져야 합니다. 늘 강조했지만, 자주관리 운동은 자기계발과 상호계발을 행하여 분임조원 개개인의 성장을 도모하고, 인간성을 존중하며 생기 있고 활력 있는 직장 분위기를 만들며, 상사의 방침을 달성하고 회사의 영속적인 발전에 기여하는 운동입니다. 지금 이 시간 우리는 2년 전 4월 24일에 겪은 제강사고와 그것을 극복하는 과정에서 건진 뼈아픈 교훈을 성찰하면서 정신무장을 새롭게 하지 않으면 안 됩니다."

850만 톤 체제의 조기완공에 도전장을 던진 시점에서 박태준은 자주관리 시스템을 정착시킬 적기라고 판단했다. 2월 7일 자주관리운동 매뉴얼을 제정해 배포한 데 이어, 3월 26일 부서마다 제 1분기 자주관리운동 발표회를 열었다. 5월 11일 자주관리 특별 독려비를 지급하고 6월 9일 〈자주관리추진위원회〉를 구성하며, 6월 27일 모든 부서가 참가한 자주관리 촉진대회의 전시회를 열었다.

하루가 다르게 무더워지는 어느 날, 박태준은 임원회의에서 심경을 토로했다.

"인격이란 문제를 생각하지 않을 수 없소. 그러나 내가 이 공장을 맡을 때는 전쟁터에 나온 소대장의 결의 이상의 다짐으로 시작했소. 이 사업이 실패하면 경제적으로 보아 국가의 기둥 하나가 빠지는 결과를 낳기 때문이오. 이건 변할 수 없는 신조지만, 이제부터는 정말 자주관리문화가 중요한 거요."

이것은 의지표명과 당부였다. 앞으로도 부실공사를 비롯한 온갖 허튼 수작은 단호히 척결하겠다는 의지. 말 그대로 '자신의 현장을 스스로 책임지고 관리하는' 기업문화를 창조해 현장에 대한 사장의 지적과 추궁을 최소화시킴으로써 사장과 사원들의 인격을 동시에 보호할 '자주관리운동'을 임원들이 앞장서서 조기에 정착시켜달라는 당부였다.

생각하기

포스코는 창업 과정에서 시행착오들을 겪었으나 그것을 통해 스스로 교훈을 얻고 이를 학습 화하여 조직 내 루틴(routine)으로 정착시키는 노력을 부단히 해왔다. 이와 관련된 성공 및 실패 사례에는 어떠한 것들이 있었는지 생각해 보자.

복습을 위한 질문

1. 개인능력을 조직능력을 확산시킬 수 있는 다양한 조직학습 형태에 해당하는 포스코의 사례는 어떠한 것이 있었는가?

2. 개인능력을 조직능력으로 확산시키는 데 기여한 청암의 리더십은 어떠한 것이 있는가?

Module 3
재결빙 Refreezing

① 조직혁신 정착 [보상]

학습목표

이 장에서 숙지해야 할 사항
1. 조직의 구조적 변화를 이해한다.
2. 조직 제도의 신설 및 변화를 이해한다.
3. 조직구조 및 제도의 변화를 이끈 청암의 리더십을 학습하고 이해한다.

조직혁신 정착

이 단계에서는 해빙 변화 단계를 통해서 조직 내에 변화의 분위기가 형성 되고 구성원의 능력 향상이라는 변화가 서서히 일어날 때 거기에 적합하도 록 회사의 각종 제도를 변화시키고 구조(업무 및 조직 구조)를 재설계한다. 흔히 기업에서 변화를 생각할 때 사람의 사고 행동이나 능력은 변화하기 어 렵고 또 시간과 비용이 많이 들기 때문에 대부분 인사발령을 내는 등 조직 구조의 변경을 우선 생각하게 된다. 그렇게 되면 해빙과 변화 없이 곧바로 새로운 힘의 균형을 굳히는 과정이 되므로 진정한 변화가 없을 뿐만 아니라 저항도 심하게 나타난다. 변화의 분위기가 형성되고, 진정한 변화가 서서히 일어날 때 조직의 제도와 구조도 거기에 맞추어서 변해 주어야 저항도 적고 진정으로 신바람 나는 조직변화가 가속화될 수 있다.

개인의 능력이 조직으로 확산되는 것은 대단히 어려운 일이다. 따라서 조직 내 우수한 기술인력이 있다면 이러한 기술인력이 퇴사를 함과 동시에 그 기술도 회사를 빠져나가게 된다. 이를 방지하기 위해서는 개인의 능력을 조직에 내재화할 수 있는 학습조직(learning organization)을 구축해야 한다. 학습조직을 위해서는 업무의 표준절차(standard operating procedure; SOP)가 반드시 필요하며 이를 어떻게 구축하느냐가 개인의 능력을 조직으로 확산시킬 수 있는 관건이기도 하다.

이 단계에서는 조직변화 과정에서 열심히 노력한 사람과 그렇지 못한 사람과의 차이를 분명히 구분하고 그 결과를 인정해 주어야 한다. "최고경영자의 도전적인 기업가정신을 토대로 조직이 아무리 열심히 노력해도 아무 보상이 없더라. 대충 게을리해도 아무런 피해가 없더라"라고 생각하게 되면 변화가 조금 일어났다가도 다시 원위치로 되돌아가고 만다. 그러므로 노력에 대한 대가를 지불해줄 때 변화된 상태가 개인에게도 굳어질 수 있다. 결국 기업가정신에 따라 도전적인 기업의 모험을 시도하고 성과를 기대하기 위해서는 조직과 개인 차원에서 제도적으로 굳히는 재결빙의 과정이 반드시 필요하며, 이 과정에서의 주요한 도구가 바로 보상이다.

역사 안에서 ·

조직혁신을 위한 안전제일 개념

1973년 여름. 폭우가 쏟아지든 태풍이 덮쳐오든 포철 제1고로의 황금빛 쇳물은 제트(Z)형 도랑을 따라 말썽 없이 흐르고 있었다. 한숨 돌린 박태준과 그의 동지들은 연산 조강 260만 톤 규모로 확장하는 2기 건설 문제를 본격적으로 다뤄야 하는 때를 맞았다. 5년 전 완전히 무(無)에서 출발했던 그들은, 이제 '준비된 팀'으로서 최소한 세 가지 자산을 갖게 되었다.

첫째는 경험과 자신감이다. 현대적 대규모 용광로를 사진으로만 보았던 사람들에게 1기 공사를 두 달씩이나 앞당겨 완벽하게 완공한 경험은, '우리도 얼마든지 해낼 수 있다'는 자신감으로 정착되었다. 둘째는 자금 조달의 우월성과 확실성이다. 포철 1기 공사를 지켜본 외국의 금융기관이든 설비공급업체든, 포철의 미래를 낙관하며 투자를 망설이지 않게 되었다. 셋째는 안정된 원료확보이다. 일본과 동등한 조건으로 장기공급계약을 체결해뒀으니 원료문제로 정상조업에 차질을 일으킬 염려는 놓아도 좋았다.

그렇다고 예측되는 단점이 없는 것은 아니었다. 조업과 건설을 병행해야 하는 점, 기존 설비를 증설할 때 발생할 수 있는 안전사고, 설비구매를 유럽과 미국으로 대폭 확대하는 데 따른 설비사양 다양화에 대비한 종합관리 문제 등. 하지만 무(無)에서 유(有)를 창조한 사람들에게 유에서 또 다른 유를 창조하는 일은 결코 두렵지 않았다.

종합준공식과 더불어 사장이 다시 한 번 강조하는 '안전제일의 생활화'도 이미 눈에 띄게 개선되고 있었다. 우리나라 산업현장에 아직 '안전' 개념이 도입되지 않았을 때, 박태준은 엄격한 안전교육 프로그램을 강제 규정으로 만들어 작업자, 감독자, 관리자 구분 없이 모두 필수적으로 교범을 숙지하게 했다. 정상조업의 막을 올린 포철에서 '안전제일'은 생활 속의 캠페인으로 번져갔다.

조직혁신을 위한 목욕론

1974년 6월 26일. 별안간 포항제철소에 긴 사이렌이 울려 퍼졌다. 소리가 절정에 이르렀다가 뚝 떨어질 때, 조업현장과 건설현장 곳곳에서 함성과 박수가 터졌다. 연산 103만 톤 규모의 제1고로가 정상조업 1년을 눈앞에 두고 마침내 '쇳물 100만 톤'을 토해냈기 때문이다. '조업 1년'의 순이익은 242억 원을 기록하고 있었다.

이 즈음 박태준은 다시 직원들의 복지후생을 강조했다. 천성적으로 '전시행정'의 속임수 따위를 혐오한 그는 《조선일보》와의 인터뷰에서 "직원의 복지후생을 허울 좋게 선전용으로 하는 것이 아니라 실질적으로 성과 있게 하고 있다. 이 노력을 가장 잘 알아주는 사람들은 우리 직원들이다"라고 떳떳하게 자랑했다. 6월 27일 임원간담회에서도 박태준은 "우리 직원 중에서 부인이나 가족이 중병을 앓는 사람이 없는지 인사부에서 파악하라"고 엄힌 지시를 내렸다. 박대준은 직원들에게 '목욕론'도 줄기차게 전파했다. 한마디로 "몸이 청결해야 정신이 청결해지고 그것이 공장의 청결로 이어진다. 공장의 청결은 제품의 완벽성과 안전사고 예방으로 이어진다"라는 주장이었다.

그는 이렇게 강조했다.

"목욕은 안전이야. 목욕은 품질이야. 목욕을 잘해서 깨끗한 몸을 유지하는 사람은 정리, 정돈, 청소의 습성이 생겨서 안전 예방의식이 높아지고 제품관리의 최후절차인 포장까지도 깨끗하게 해낼 수 있게 된다. 우리 회사는 안전제일을 추구하고 최고제품을 추구한다. 그래서 나의 공장관리 원칙1호가 목욕론이다."

실수를 자산으로 만드는 조직 – 쇳물을 바닥에 쏟다.

1977년 4월 24일 새벽, 제1제강 공장에서 쇳물이 쏟아지는 사고가 발생했다. 고로에서 100톤의 쇳물이 나오면 크레인 운전자가 레이들(ladle)을 천장으로 들어 올려 전로로 옮긴 후, 정확히 쏟아 부어야 하는데, 그 과정에서 크레인 운전공이 조종간을 잘못 조작을 하면 두 가지 사고가 발생할 수 있다. 하나는 레들을 너무 빨리 움직여 끓는 쇳물이 넘쳐흘러 밑으로 떨어지는 것이고, 또 하나는 레들을 정확한 위치에 멈췄더라도 전로 위에서 정확한 각도로 기울이지 않으면 쇳물이 바닥으로 쏟아지는 것이다. 그날의 사고는 후자 형태의 사고로 크레인 운전자가 졸면서 조정간을 잘못 건드렸고, 레들이 전로 앞에서 기울어져 끓는 쇳물 100톤 중 44톤이 바닥으로 쏟아지고 말았다. 이 사고로 인해 '공장의 신경계'라 할 수 있는 지하매설 케이블의 약 70퍼센트가 소실되었으며, 총 142면의 운전 조작실 계기장치도 큰 화재를 입었다. 직접적인 재산피해만 약 1억6천만 원이었다. 하지만 다행히 인명피해는 없었다.

　당시 출장 중이었던 청암은 남은 일정을 모두 취소하고 도쿄로 날아가서 일본제철소 관련자와 전문가로부터 문제 해결에 대한 자문을 요청함과 동시에 기술자를 확보하여 사고현장으로 파견하였다. 현장에 도착한 일본 기술자들의 소견으로는 완전복구에 3~4개월이 소요된다고 했다. 만일 기술단이 예측한 기간대로 복구를 진행한다면, 1·2기 공장의 조업에 큰 차질을 빚을 수밖에 없고 3기 건설 역시 늦어질 수밖에 없는 상황이었다. 일본기술자들은 회의적이었지만, 청암은 한 달 만에 케이블 교체 작업을 끝낸다는 목표를 설정하고, 당시 정상적인 하루 케이블 포설량 3천~5천 미터를 철야 강행군을 통해 하루 최장 3만7천 미터까지 포설해 나갔다. 또한 청암은 사고 대책반을 만들어 사고원인 분석을 지시했다. 조사된 사고원인은 크레인 운전자의 과로와 부주의 때문이었다. 사고를 낸 크레인 운전자는 대가족을 부양하기 위해 두 개의 직장을 갖고 있었다. 사고조사위원회에서는 크레인 운전자들이 과업에 집중할 수 있도록 '단조로운 기계음 상쇄를 위해 라디오와 음악을 들려주기', '야간근무 교대시간 조정', '감독자를 늘려 잦은 순찰로 졸음 예방' 등 실용적인 개선방안을 제시했다. 당초 3~4개월이 예상되었던 케이블 복구 작업은 34일 만에 끝났다.

　긴급 파견된 일본인 기술자들이 '최소 3~4개월'로 잡았던 복구 작업을 불과 34일 만에 완벽하게 끝낸 포스코는 커다란 물질적 손실을 입었으나 그보다 훨씬 귀중한 정신적 자산을 남겼다. 성취감과 단결력, 그리고 안전사고 예방에 대한 자발적 각성이 그것이다.

영일만에 '큰 배탈사고'가 일어났다. 연간 300만 톤 쇳물을 생산할 수 있는 대형용광로인 3고로가 말썽을 일으켰다. 포스코에는 팽팽한 긴장이 흘렀다. 1고로와 2고로의 용량을 합친 것보다 더 큰 3고로의 불이 꺼지는 사태가 발생한다면….

"고로의 말썽을 '배탈'이라 부릅니다. 300만 톤짜리를 세운다고 했을 때, 솔직히 겁을 먹었습니다. 우리 기술력에는 아직 너무 과하지 않나 했던 겁니다. 나는 3고로 공장장으로 갔습니다. 그런데 겁먹고 있었던 것을 용케도 고로가 알아차린 것처럼 말썽을 일으키더군요. 음식을 잘못 먹었는지, 고로가 탈났는지…. 원료에서 잘못되었다면 음식이 상했다고 볼 수 있지요. 550만 톤 쇳물 공장에서 300만 톤이 문제를 일으켰다. 그걸 돌리는 일선 책임자로서는 대역죄를 저지른 기분이었지요. 꼬박 2주일 동안 거의 뜬눈으로 고로에 층층이 구멍을 뚫어 확인하는 사투를 벌인 끝에 간신히 배탈을 잡았어요. 회복에 1주일이 더 필요했고 3주간의 영업 손실은 60~70억원…. 그런데 박 사장께서 '배탈을 경험하고 극복한 기술자들이 제철회사의 자산'이라며 오히려 격려해주시더군요. 밤샘 작업에 매달려 있었을 때는 '센트룸'이란 미제 비타민을 주셨는데, 그것도 잊히지 않는 일입니다." 강창오(전 포스코 사장)

포항 4기 공사가 이루어지고 있는 1979년. 회사는 이미 550만 톤 체제에 이르러 그 관리범위(span of control)가 방대해졌다. 하지만 성공에 대한 자신감과 경험도 축적된 조직이기에 자율경영, 자주관리 시스템을 정착시킬 적기이기도 하였다. 청암은 엄숙히 선언했다.

"이 사업이 실패하면 경제적으로 보아 국가의 기둥 하나가 빠지는 결과를 낳기 때문에 이제부터는 정말 자주관리문화가 중요하다."

말 그대로 '자신의 현장을 스스로 책임지고 관리'하는 활동을 자연스럽게 조직문화화하는 것이 필요하다는 것이었다. 청암은 사장의 지적과 추궁으로 움직이는 기업이 아닌 구성원 스스로 책임지고 운영할 수 있는 조직문화를 만들고, 늘어난 관리 범위 문제를 조직문화로 해결하려 하였다.

1979년 2월 포항 4기 종합착공식을 거행한 후 청암은 그 전보다 더 강력하게 자주관리를 강조했다.

"그 어느 때보다 자주관리운동이 우리 사원들의 자발적, 주체적 동참 속에서 이루어져야 합니다. 늘 강조했지만, 자주관리운동은 자기계발과 상호계발을 행하여 분임조원 개개인의 성장을 도모하고 인간성을 존중하여 생기 있고 활력 있는 직장 분위기를 만들며 상사의 방침을 달성하고 회사의 영속적인 발전에 기여하는 운동입니다. 4·24 제강사고와 그것을 극복하는 과정에서 건진 뼈아픈 교훈을 성찰하면서 정신무장을 새롭게 하지 않으면 안 됩니다."

전술한 바와 같이, 청암은 550만 톤 체제부터는 관리범위가 방대해졌지만 그만큼 경험도 축적되어 있기 때문에 본격적으로 자율경영, 자주관리체제를 정착시킬 타이밍이라고 생각했다. 자주관리운동 매뉴얼을 제정하여 배포했고 부서마다 자주관리활동 발표회를 열었으며 모든 부서가 참가하는 자주관리 촉진대회와 전시회를 개최하는 등 기업문화로서 자주관리를 정착시켜 나아갔다. 여기서의 자주관리란 '자신의 현장을 스스로 책임을 지고 관리'하는 것을 의미했고, 이러한 각 기술들을 개인 지식에서 조직 지식으로 전환시켜 나가기 시작한 것이다. 청암은 다음과 같이 확신하고 있었다.

"본인은 자주관리에 대해서 신앙적 확신을 가지고 있습니다. 규제와 타율에 의해서만 움직이는 인간상을 일을 통하여 자아성장과 자아실현을 추구해 나가는 탐구적 인간상으로 승화시키자는 것이 바로 본인의 자주관리 이념입니다. 여러분, 우리 모두 자주관리의 성공을 통해 주체적 인간으로서의 자각을 기르고 일하는 보람을 찾으며 인간의 능력을 발휘하여 무한한 가능성에 도전하는 기쁨을 함께 성취해 나갑시다. 본인은 여러분의 노고에 보답하는 방법으로 그동안 자가주택제도, 자녀방학제도, 교육시설 확충 등 여건이 허용하는 범위 내에서 여러분의 복지후생제도를 확대하고 질적으로 향상시키기 위해 노력해 왔습니다. 국내 다른 기업체보다 잘해보려고 애쓰고 있습니다. 여러분, 회사를 믿고 그러한 문제는 본인에게 맡기고 자주관리활동만 잘해주세요. 그것이 곧 회사를 발전시키고 여러분 자신을 향상시키는 것이기 때문입니다."

공장감독제

영일만에서는 코크스공장과 소결공장의 공기지연을 만회하려는 비상조치가 '최고경영진과 건설현장'의 공감대 위에서 강구되고 있었다. 그 이름은 '공사독찰 부장제도.' 포스코 부장들이 순번제로 돌아가면서 일일 공사감독으로 임명되어, 공장 감독원 사무실에 일일 상황판을 설치하여 당일의 이벤트를 점검하고, 어떤 애로사항이 발생하면 전권으로 신속히 해결하는 제도였다.

성취감, 자신감, 사명감으로 뭉친 현장의 일꾼들은 다시 찾아온 도전의 기회로 받아들였다. 경제학자 피터 드러커는 기업조직에 속한 인간의 심리를 "개개인은 안정을 요구하지만, 직업안정이나 상하간 안정관계가 주는 일상적인 평범한 일을 원하는 것은 아니다. 개개인은 성공과 실패의 도전과 기회를 제공받는 지위에서 안정성을 찾으려 한다"고 했다. 리더는 인간의 내면에 잠재된 진취적 기상을 자극해야 한다는 뜻으로 해석해도 좋을 것이다. '조업과 건설'을 병행하는 포스코 사장의 '인간경영'은 피터 드러커의 주장을 실증할 요소를 충분히 담고 있었다.

포스코가 빠른 속도로 기술을 습득할 수 있었던 중요한 요인으로는 성숙기술의 빠른 모방 및 현장적용을 통한 내재화와 더불어 청암이 시행했던 기술 및 기능인력 관리 정책에서도 찾을 수 있다. 우수한 공과대학을 졸업한 대졸 엔지니어들이 제철소 현장의 반장(foreman)으로 배치되어 공장 가동을 직접 담당하게 했으며, 대학졸업자가 아니더라도 기능이 '성스러운' 경지에 도달한 사람들은 특별히 대우하는 기성(技聖, saint technician)제도를 구축, 운영하였다.

입찰자격

포스코는 광양제철소 1기 건설 과정에 일본, 유럽 등 세계 여러 설비 공급업체들을 경쟁에 참여시켜 유리한 입장에서 고로 설비를 비롯한 주 설비를 발주할 수 있었다. 국내외 36개 업체로부터 수주 경쟁을 통해 최신 설비를 확보할 수 있게 된 청암은 '최신예설비 공급가능성·공급가격·금융조건'에 맞춰 '최저비용의 최신예 제철소 건설'이란 목표 아래 '입찰경쟁을 통해 최저비용의 최고품질을 확보할 것과 외국 공급사와 국내 업체의 컨소시엄을 형성하도록 유도하여 국내 업체가 신기술을 제공받을 수 있도록 할 것'이라는 지침을 설비업체 선정 검토의 기준으로 삼도록 했다.

그에 따라 포스코는 1·2차 견적 검토과정을 거치면서 4개 주 설비에 대한 입찰 조건에 '외국 업체는 한국의 8개 중공업 업체와 컨소시엄을 형성해야만 입찰자격을 부여받을 수 있으며, 외국 업체가 최종 견적서를 제출할 때는 필히 한국 업체에 대한 신기술제공 확약서를 첨부할 것'을 명시했다.

이는 최저비용·최신시설로 광양제철소를 건설하는 경영 목표 달성과 함께 장기불황에 고전하는 국내 중공업업체의 수주 확대와 기술 향상에 기여하기 위함이었다.

청암이 추진하였던 국내외 컨소시엄 입찰 전략은 제철소의 완공을 통한 성과 창출 이전에, 제철소의 건설 단계에서도 포스코를 통해 국내 연관 산업이 사업적, 기술적 발전을 함께 이뤄가며 동반성장을 할 수 있도록 유도한 상생전략이었다.

1985년 하반기 이후 국내 증권시장은 활황세를 타고 있었다. 정부와 증권업계는 주식 대중화 시대를 정착시키기 위해 공기업의 기업 공개 필요성을 제기하였고, 1986년 들어 대내외적인 개방화·자율화·민주화 추세에 발맞추고 자본시장을 육성하기 위해 공기업의 민영화 문제를 정식으로 검토하기 시작했다.

포스코 역시 이런 시대적 요청을 인식하고 있었고, 1986년 10월 증권전문가·대학교수·변호사 등 전문가들로 구성된 분석팀을 조직해 기업 공개를 위한 사전 준비 작업에 착수했으며, 한국증권학회에 기업공개에 관한 연구 용역을 의뢰해 놓은 상황이었다. 또한 그보다 앞서 청암은 광양 제철소 완공 전부터 생각해왔던 '사원지주제'를 도입하기 위해 1985년 9월 총 발행주식의 20퍼센트까지 사원들에게 배정할 수 있게 해달라는 안을 정부에 건의하였으며, 1987년 3월 청암의 최초 안을 반으로 줄인 규모로 포스코 정기 주주총회에서 총 발행주식의 10퍼센트까지 사원들에게 배정할 수 있도록 결의했다.

1987년 3월 25일 재무장관은 '금융산업 개편과 주식시장 안정화 방침'을 밝히며 시중은행이 보유한 포스코 주식을 새로 개설되는 장외시장에서 입찰 방식을 통해 매각할 방침이라고 발표했다. 정상적인 방법으로 국민주 1호 기업으로 공개될 수 있도록 사전 준비를 하던 청암과 포스코 임직원들은 갑작스러운 정부 발표에 당혹해 하였다. 장외시장을 통한 입찰방식은 증권시장 활성화를 위해 내자 동원을 극대화한다는 정부 취지와 달리 일부 재벌기업이 공기업을 지배할 우려가 있었고 증권 시장의 질서가 교란될 위험마저 있었기 때문이다. 장외시장에서 입찰을 통해 주식을 매각하면 어차피 정부가 지명한 소수의 기관투자자, 즉 일부 재벌의 대리인 격인 증권회사나 종금사만 입찰에 참여하게 되는 것이었다. 실무진들이 정부 발표의 배경을 조사한 결과, 그해 12월로 예정된 대통령 선거에 대비해 정치자금을 조성하려는 조치라는 결론을 내렸다. 이에 청암은 여론을 통해 국민에게 호소하는 한편, 직접 청와대를 찾아가 담판을 짓기로 결심한다.

포스코의 홍보담당자들은 주요 언론사와 심지어 삽화를 그리는 만화가까지 찾아다니며 정부의 부당한 절차와 달리 건전한 주식공개를 하기 위한 포스코의 준비와 계획을 설명하였다. 정부를 상대로 한 힘든 싸움이었다. 다행히 언론은 포스코의 편이었고 신문마다 재무부 방침의 부당성을 제기하고, 이를 비판하는 사설과 특집기사를 내는 등 거의 모든 언론이 파격적으로 많은 지면을 할애해 정부를 신랄하게 비판했으며, 국민의 비난 또한 거세졌다. 이런 상황 가운데 안기부(현 국가정보원)도 정부의 입장 철회가 바람직하다는 것을 청와대에 보고했으며, 결국 한 달 후 정부는 그 동안의 방침을 철회했다.

포스코의 주식은 1988년 6월 국민주로 상장됐으며, 포스코 사원들에게는 10퍼센트인 약 920만 주가 돌아갔다.

하지만 청암 자신은 25년 동안 최고경영자로 활동하였으면서도 단 한 주의 포스코 주식을 받지 않았다. 만약 그가 주식이 상장될 당시 공로주를 받았다면(당시 법 규정 1퍼센트) 추후 그의 재산은 수천억 원을 넘겼을 것이다.

"요즘도 나는 퇴역한 동지들의 생활에 여간 신경이 쓰이지 않는다. 포스코의 창업과 성장에 큰 몫을 한 그들 중 누구 하나라도 생활이 어렵다는 소문이 들리면 나도 모르게 신경이 곤두선다. 흡사 나를

흉보는 소리처럼 들리기 때문이다." - 박태준,《중앙일보》 2004.11.28일자,
'쇳물은 멈추지 않는다' 중에서

　주식 공개 방식의 문제로 정부와 맞서는 상황 속에서 청암과 포스
코의 임직원들은 '선열의 피로 만든 회사'라는 사명감으로 정부와의
힘든 싸움을 해나갔다. 포항 영일만부터 전남 광양에 이르기까지 우
리나라의 정치적 격변 속에 청암의 윤리적 사명감과 그를 따른 임직
원들이 발휘하였던 주인정신이 없었다면 존경받는 1위 기업이란 현
재의 포스코는 없었을지도 모른다.

생각하기

포스코의 조직혁신 노력에는 어떠한 것이 있었는가, 그리고 혁신을 하기 위한 방해 요인은 무엇이었으며, 이를 어떻게 극복했는가에 대해 살펴보고 이해한다.

복습을 위한 질문

1. 조직혁신의 정착을 위한 포스코의 노력은 어떤 것이 있었가?

2. '입찰자격' 및 '공사감독제'는 조직혁신 관점에서 어떠한 의미를 갖고 있었는가?

② 개인변화 정착 (보상)

학습목표

이 장에서 숙지해야 할 사항

1. 보상과 개인행동 변화 간의 관계를 학습한다.
2. 강화이론 관점의 기대이론(expectancy theory)과 조직몰입 개념을 학습한다.
3. 동기부여를 통한 개인변화 정착 노력의 사례를 학습한다.

개인변화 정착

보상은 시장으로부터 우수한 지원자를 유인하고, 조직 구성원을 유지하며 더 나아가 성과를 극대화하는 등 조직의 성공적 성과 창출에 직접 영향을 미치는 전략적 분야 중의 하나이다. 보상이란 글자 그대로 해석하면 무엇인가에 대한 대가로 주어지는 것을 의미하며 교환(exchange)을 전제로 하고 있다. 즉, 보상은 구성원들의 노력에 대응하여 주어지는 금전적 보상(예: 임금 등)과 비금전적 보상(예: 복지후생 등)으로 구분된다.

보상은 조직의 경영자나 구성원들 모두에게 민감한 이슈이다. 조직운영 측면에서 보상은 생산비의 상당한 부분을 차지함과 동시에 구성원들의 행위와 태도(즉, 동기부여)에 상당한 영향력을 미친다. 반면 구성원들에게는 경제적 심리적 소득의 원천이기도 하다. 따라서 조직의 보상 관리에서 당면한 문제는 구성원이 만족하고, 성공적으로 임무를 수행하고, 조직에 남아 있는 동기를 극대화하도록 보상을 사용하는 것이다.

특히, 보상이란 '받아서 좋은 것'을 제공함으로써 구성원들에게 동기부여를 하고 그 결과로 조직이 원하는 행동을 하게 된다. 이를 브룸(Vroom)의 기대이론(expectancy theory)으로 설명할 수 있다. 기대이론은 특정 방식으로 행동하기 위한 경향의 정도가 주어진 산출과 그것의 매력에 대한 사람들의 기대의 강도에 따라 다르다고 말한다. 노력은 좋은 성과평가를 가져오고 좋은 성과평가는 상여금, 임금 상승, 승진 등과 같은 소기의 보상을 이끌어내며 이러한 보상이 개인의 목표를 만족시킬 것이라고 조직 구성원들이 믿을 수 있어야 한다. 그래야 그들은 높은 수준의 노력을 보이기 위한 동기부여를 갖게 된다. 그러므로 기대이론은 다음의 세 가지 관계에 초점을 둔다.

1. 노력 – 성과 관계(effort-performance relationship)

    일정한 노력의 발휘가 성과를 가져올 가능성

2. 성과 – 보상 관계(performance-reward relationship)

    특정 수준의 성과가 바라는 산출의 달성을 가져오는 정도

3. 보상 – 개인 목표 관계(rewards-personal goals relationship)

    조직보상이 개인의 목표나 욕구 및 개인을 위한 잠재적인 보상의 매력을 충족시키는 정도

기대이론은 조직 내 많은 구성원들이 자신들의 직무에 대해 동기부여되지 않고 그럭저럭 지낼 정도의 최소한의 일만 하는 이유를 설명하는 데 도움을 준다고 할 수 있다. 이러한 기대이론과 달리 조직 내 구성원들은 받기 싫은 것을 조직으로부터 받지 않고 조직이 보류 결정을 내리게 되면 이 또한 동기부여를 일으키는 강화(부정적 강화)효과가 나타난다.

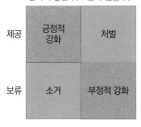

〈보상과 개인 행동 간의 관계〉

동기부여를 통한 개인능력 향상은 조직으로의 확산이 필요하다. 이를 위해서는 우선적으로 조직구성원의 조직몰입(organizational commitment)이 높아야 한다. 조직몰입은 다음 세가지 하위차원으로 구성된다.

1. **정서적 몰입(affective commitment)**
   조직에 대한 감성적 애착 및 조직의 가치에 대한 신념을 의미한다.

2. **지속적 몰입(continuance commitment)**
   한 조직에 계속 남아 있으려는 의사의 경제적 가치인식을 의미한다. 높은 급여 수준, 그리고 이직을 할 경우 가족들에게 상처를 줄 것을 우려하여 구성원은 조직에 몰입할 수 있다는 것이다.

3. **규범적 몰입(normative commitment)**
   도덕적 또는 윤리적 이유 때문에 조직에 남게 되는 의무를 의미한다. 새로운 사업을 주도하는 데 앞장섰던 직원이 사내에 잔류되는 이유는, 만약 자신이 떠나버리면 다른 직원들은 아무런 도움 없이 곤경에 빠질 것이라고 느끼기 때문이다.

조직에 몰입하는 구성원은 이직률이 낮으며 직무에 대한 높은 몰입을 통해 그 성과가 상대적으로 높다. 따라서 조직의 성과관리를 위해서는 구성원들이 조직에 몰입할 수 있도록 리더십 및 다양한 제도적 지원이 필요하다.

특히 조직몰입은 앞서 설명한 각기 다른 성격의 몰입이 있기 때문에 각각의 조직몰입 특성에 맞는 상황적합적 접근이 반드시 수반되어야 한다.

역사 안에서
개인변화 정착

복리후생

    선진화된 인사관리제도 하에서는 보상제도가 중요한 고려대상이 되지 않는다. 설립 초기 청암은 포항으로 우수한 인재를 영입하기 위해, 유인동기 강화의 일환으로 좋은 복리후생제도와 비교적 높은 급여체계를 구축하였지만, '고성과=더 많은 연봉'이라는 보상 공식을 강조하지는 않았다. 그는 더 많은 급여를 받고자 하는 동기를 가진 개인에 대해 다음과 같이 이야기한다.

    "나는 월급 몇 푼에 이리저리 직장을 옮겨 다니는 사람을 가장 싫어한다."(《일요신문》 인터뷰, 1981)

    "우리 회사에 돈을 목적으로 입사한 사람이 이직을 한다면 이것은 걱정할 것이 못 된다. 오히려 나가 달라고 부탁을 해야 옳을 것이다. 국민의 한 사람으로서 당위적인 사명감으로 열심히 일해 보려고 들어왔는데 조직 구조상의 잘못이나 관리층의 무능과 무관심으로 적소에서 창의력을 발휘할 수 없어 나가려는 사람이 있다면 문제인 것이다. 이 문제는 경영층에서 관심을 가지고 대처해 나가야 한다."(임원 간담회, 1970)

이렇듯 청암은 금전 중심의 보상체계는 중요한 요인으로 고려하지 않았고, 다만 장기적이고 전체적인 관점에서의 급여체계 선진화(base-up 인상이나 연차/승진에 따른 급여 인상)를 추진하였다. 반면 연봉 외의 경제적 보상인 복리후생에 대해서는 매우 중요하게 판단하고 있었다.

"모든 임직원들이 안심하고 맡은 바 소임을 다할 수 있게 하기 위하여 장기적인 안목에서 급여제도를 발전시켜 왔다."(회장 특별담화, 1985)

"회사는 여러분의 어려운 문제를 최대한 덜어 주고, 의욕적으로 전념할 수 있도록 가능한 모든 방법을 동원할 것을 기본 방침으로 하고 (중략) 앞으로도 본인은 복리후생이 노동생산성 향상을 위한 간접적 급여임을 감안하여 다음과 같이 추진 목표를 설정하고 하나하나 단계적으로 실천해 나가고자 합니다."(훈시, 1973)

이러한 상황에서 보상은 '내재적 보상'을 더욱 중시하는 분위기로 이어졌다. 내재적 보상이라 함은 개인의 동기에 영향을 주는 성취나 인정, 더 많은 관리 책임, 승진, 성장 등을 말하는 것으로, 이것은 사명감이나 도전정신과 연계되었다. 그래서 최고경영자의 의도와 설득적 리더십 스타일은 포스코가 도달해야 할 목표(제철보국, 자주관리)와 그 동기유발(사명감, 기술식민 극복)에 있어 매우 효과적인 결과를 만들어냈다.

1968년 공장부지 매입업무가 마무리 되면서 민가를 철거한 포항에서 제철소 부지 조성 공사가 시작되었다. 여전히 KISA와의 협상이 난관에 직면하여 차관 도입 가능성이 낮은 가운데 초기 운영자금이 고갈되어 당장 직원들에게 월급을 주기도 어려운 형편이었다. 이에 청암은 당시의 포항종합제철이 정부가 대주주로 있는 회사였음에도 불구하고, 서울의 주요 은행들을 찾아다닌 끝에 한일은행(현 우리은행)에서 신용 대출 20억 원을 받았고, 대출금으로 직원들에게 월급을 지급하였다.

또한 잔여 대출금을 어디에 우선적으로 투자할지 고심하던 청암은 사원주택을 짓기로 결정했다. 당시 5명으로 시작했던 현장 직원들의 숫자는 계속 늘어나는 가운데 초창기 '룸멜하우스(건설사무소)'에서 군용 담요를 말고 잠을 청하거나 포항 시내 여인숙을 빌려 합숙하는 직원들이 불어나고 있었다. 사명감 하나로 밤낮 없이 공사에 매달리는 직원들과 가족들에게 안정된 주거 공간은 꼭 필요한 상황이었다.

사원들의 주거가 안정돼야 일도 제대로 할 수 있다는 철학('안정된 생활 터전 마련이 곧 생산성 향상의 지름길')을 갖고 있던 청암은 자가주택 제도를 도입하여 사원주택단지를 만들기로 결정하면서 장기저리 대출 등 좋은 조건으로 사원들이 '내 집'을 마련할 수 있게 하였다. 이에 대해 '공공건설자금도 확정되지 않는 상황에서 사원주택을 짓느냐', '포항제철이 공장은 하나도 짓지 않고 사원들의 집부터 짓는다.', '나랏돈으로 부동산 투기를 한다' 등 부정적 여론이 팽배하게 되었다.

청암의 사원주택건설을 단순한 기업복지 혹은 인재 중심의 경영 측면으로 이해해서는 안 된다. '제철보국'이란 목표를 달성하기 위해서는 임직원의 희생과 헌신이 절대적으로 필요했고, 그러한 동기를 유발하기 위해서는 구성원들이 과업에 몰입할 수 있도록 환경을 조성해 주어야 했기 때문이다.

한정된 자원을 효과적으로 배분해야 하는 의사결정 과정에서, 특히 '하와이 구상'으로 제철 건설 자금을 확보하기 전까지, 어렵게 포항에 모인 인재들에게 '제철보국'이란 청암의 개인적 사명감을 조직 및 개개인의 구성원들에게 공유·내재화시키는 일이나 구성원들이 자신의 과업에 몰입하고 헌신할 수 있도록 만드는 것은 결코 쉬운 일이 아니었다. 신용대출을 바탕으로 경험이 전무한 조직 구성원들에게 제철관련 기술을 학습시키는 한편 사원들의 주거 안정을 우선시하였던 그의 결정은 누구도 따라 하기 어려운, 청암만의 특별한 기업가정신의 단면을 고스란히 보여준다.

청암은 경영에서 '사람'을 가장 중시했다. 대한중석의 사업현황 파악을 끝낸 그가 가장 먼저 한 일은 현장인 강원도 상동광산을 찾아가 현장소장을 앞세워 1,500m 지하막장까지 내려가 현장을 살펴보는 일이었다. 광부들의 주택단지, 병원 등을 살피고 광부 부인들의 애로사항까지 청취했다. 사장이 지하막장까지 찾아간 일은 창사 이래 처음 있는 일이었고, 이후 직원들의 후생복지는 완전히 바뀌었다.

교육문제

"우리 사원 자녀들의 교육문제요. 앞으로 사원이 대폭 늘어나고 젊은 사원이 나이 들어가면 무엇보다 자녀교육이 회사의 중요한 복지 과제로 떠오를 텐데, 그때를 대비해서 제철장학재단을 설립하면 어떻겠소?"

1970년 11월 5일 포철 제1회의실에서 '재단법인 제철장학회' 설립이사회가 열렸다. 1971년 9월 첫 유치원을 세운 이래로 포항과 광양에 유치원 4개, 초등학교 5개, 중학교 2개, 고등학교 3개 등 한국 최고의 교육환경과 교육시스템을 구축해 놓았으며, 1986년 포스텍을 설립해 아시아 최고 공과대학으로 육성하였다.

박태준은 학교를 설립하면서 '교육보국'의 기치를 걸었다. '교육은 천하의 공업(公業)이며 만인의 정성으로 이루어진다'고 믿는 그의 교육관과 실천은 분명히 20세기 한국 교육계의 새 지평을 열었다.

생각하기

청암의 조직혁신 정착 제도와 사례를 배우면서 나의 안팎에서 '자주관리'는 얼마나 이루어지고 있는지 살펴보고 서로 이야기를 나누어 본다. 청암의 보상, 특히 비금전적 보상이 구성원들의 동기부여에 어떠한 역할을 했는지에 대해 생각하면서 자신에게 스스로 보상이 되어준 일은 무엇이 있는지 생각해 본다.

복습을 위한 질문

1. 개인변화 정착을 위한 보상 측면에서 청암의 철학은 무엇이었는가?

2. 조직몰입(organization commitment)의 하위 3가지 요인과 관련된 청암의 사례를 파악하고 논의해 본다.

Module 4
미래를 위한 준비 Transforming

① 미래를 위한 준비

학습목표

이 장에서 숙지해야 할 사항

1. 미래를 위한 조직혁신의 사이클(cycle)을 이해한다.
2. 혁신을 추구한 청암의 발자취를 조직혁신의 사이클을 토대로 학습하고 이해한다.
3. 지속적인 성장과 미래를 위한 '교육보국'의 의미를 이해한다.

조직이 혁신과 변혁을 통해 지속적인 성장(sustainable growth)을 추구하는 것은 급변하는 경영환경에서 성장이 아닌 생존을 위한 필요조건이라고 할 수 있다. 다만, 변혁과 혁신이 조직성과에 긍정적인 결과를 가져다 주기 위해서는 변혁의 시작점이 매우 중요하다. 대부분의 기업들은 조직의 성장기와 성숙기를 거쳐 쇠퇴기에 접어 들게 되면 다른 사업을 모색하거나 조직의 혁신을 시도하곤 한다. 그러나 이러한 사이클은 조직이 지속적인 성장 유지에 대한 효과를 크게 떨어지게 한다.

성공적인 조직혁신이란 조직이 성장기에 접어들 때(즉, 안정적인 수익이 확보 되는 순간) 바로 조직의 다음 사이클에 대한 준비를 시작해야 한다. 이에 대한 개념적 이해는 다음과 그림과 같다.

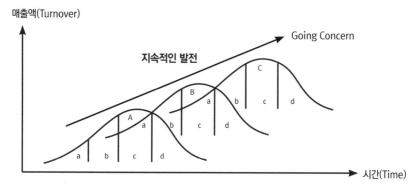

a: 태동기 Birth   b: 성장기 Growh   c: 성숙기 Maturity   d: 쇠퇴기 Decline
a → b → c → d: Transitional Change
A → B → C → D: Transformational Change

조직혁신의 사이클

조직들은 조직의 라이프 사이클(life-cycle)을 갖고 있다. 조직 라이프 사이클은 모든 조직에 해당되며, 태동기, 성장기, 성숙기를 거쳐 쇠퇴기로 연결된다. 대부분의 기업들은 조직의 라이프 사이클을 연장시켜 지속적인 성장(sustainable growth)을 추구한다. 그러나 기업이 진정으로 지속적인 성장을 하기 위해서는 조직의 쇠퇴기가 아닌 성장기에 다음 세대를 위해 투자하고 준비해야 한다. 이러한 관점에서 보면 포스코는 이론에 앞서 적극적으로 실천적 접근을 했다고 볼 수 있다.

역사 안에서
미래를 위한 준비

광양제철소

광양제철소 건설을 진행해 나가면서 청암은 조직 내외부의 반발에 직면하였다. 이러한 반발에 대응해 그는 조직구성원들을 설득해 나 갔다. 내부적으로는 왜 광양제철소가 필요한지를 설명하고, 광양제철소가 이익을 내고 성과를 내기 위해 어떤 준비를 해야 하는지에 대한 비전과 목표, 구체적인 행동 방법들을 제시했다. 특히 포항제철소로 제철보국이 이루어졌다고 생각한 내부 구성원들을 대상으로 새로운 비전과 함께 보다 큰 목표를 제시했다. 청암의 노력은 조직 내부에 성공신화를 다시 한 번 재현하자는 자신감을 심어줌과 동시에 새로운 목표 달성을 위한 조직원들의 헌신을 끌어내게 된다.

현대그룹은 1977년 1월 자본금 100억 원 규모의 현대종합제철을 설립하기로 하고 정부에 공세를 펼치기 시작했다. 제2제철소를 둘러싼 대결은 포스코와 현대로 폭이 좁혀졌으며, '현대-민간주도 방식'과 '포철 – 정부주도 방식'을 놓고 언론과 여론이 갈라졌다. 현대그룹은 제2제철만큼은 민간이 지어야 한다는 명분으로 국영업체의 독점을 비판했다. 이에 대해 포스코는 철강업의 공공적 성격과 기술 및 경험상의 우위를 내세우면서 첨예하게 대립했다. 청와대의 비서실장과 경제 제2수석 비서관은 현대그룹을, 상공부장관과 건설부장관은 포스코를 지지했다. 경제수석은 사기업의 육성, 시장경제의 촉진, 중동 산유국들과 밀접한 현대그룹의 외자도입 능력을, 상공부장관은 포스코의 노하우, 기술능력, 사명감으로 뭉친 정신력, 세계시장 진출 가능성, 국제 신인도를 내세웠다. 이렇게 팽팽히 대립하는 가운데 청암은 1978년 10월 박정희 대통령을 비롯하여 비서실장, 경제수석에게 제2제철에 대한 계획과 포스코가 맡아야 하는 이유를 직접 설명하고 마침내 제2제철소의 실수요자 자격을 따내게 된다.

그리고 긴 논쟁 끝에 1981년 11월 제2제철소 입지는 광양만으로 최종 결정되었다. 그것은 아산만을 주장하는 건설부와의 치열한 논쟁 끝에 끌어낸 결실이었다.

제2제철소 입지 선정 기간 동안 청암은 과학적이고 윤리적인 의사결정에 입각한 선정 작업을 수행해 나가는 한편, 급격하게 침체된 한국경제가 제2제철소 건설을 지연시킬 수 있다는 점에 주목하였다.

상법상 회사를 설립한 이유

1978년 가을에 제2제철소를 놓고 포스코와 현대가 자웅을 겨루었을 때, 박태준은 박정희에게 포스코 확장 하나만으로도 세계 철강업계의 압력을 이겨내기 어렵다는 주장을 펼쳤다. 1968년 봄에 포스코의 회사 설립형태를 놓고 박정희와 박태준의 의견이 어긋났을 때, 그는 세 번째 토론에서 앞으로 미국에도 포스코의 철을 수출해야 하는데, 만약 상법상의 회사로 설립하지 않으면 미국의 관세법에 저촉될 것이란 주장으로 대통령을 움직였다. 만약 두 차례의 결정적 고비에서 박태준이 박정희를 설득하지 못했더라면, 대통령이 아집에 빠져 있었거나 포철 사장이 아부만을 하는 인물이었다면, 1980년대 초반의 한국 제철산업은 성장과 수출의 길이 동시에 막히는 큰 위기를 맞았을 것이다.

첨단산업

포스코는 제철화학과 동국정유를 인수하면서 경영다각화의 한 방향인 화학분야로 진출할 기반을 넓혀나갔다. 그러나 박태준의 초점은 첨단산업에 맞추어져 있었다. 이것은 (주)포스데이타, (주)포스코휼스 설립으로 구체화된다. 첨단 분야로 눈길을 돌린 그의 야심은 세계 제패를 겨냥하고 있었다. 세계 최고를 목표로 삼는 그의 신념은 첨단산업으로 진출하려는 의지에도 고스란히 반영되어 있었다.

어느 날 박태준은 포항공대 총장 김호길을 불렀다.

"김 총장. 삼보컴퓨터 이용태 회장과 친하지 않소? 정보산업에 1년에 1조 원씩 10년 동안 투자할 결심이오. 이 회장의 자문을 받아보십시오."

김호길은 반문을 삼갔다. 빈말을 하지 않는 상대의 성품을 익히 아는 그가 곧 이용태를 찾아갔다. 이용태는 깜짝 놀랐다. 대졸 기술자의 연봉이 1천만 원인 시대, 1조 원은 1년에 10만 명을 먹여 살릴 수 있는 투자였다. 그는 가슴이 벅차올랐다. 컴퓨터회사의 전문경영인으로서 꿈에도 그려온 '한국을 정보기술(IT)강국으로 만들겠다'는 포부를 실현할 기회가 드디어 왔다는 생각이 들었다. 김호길의 주선으로 박태준과 이용태는 마주앉았다.

"광양제철소가 완공되면 포철은 1년에 2천100만 톤의 철강을 생산하게 됩니다. 건설의 시대를 마친 1993년부터 포철은 투자여력이 훨씬 커집니다. 새로운 사업이 필요한 겁니다. 철강이 산업의 꽃이라면 통신은 미래 정보산업의 꽃이라고 생각합니다. 포철은 2000년까지 현재 철강산업에서 누리는 것과 같은 명성을 정보산업에서도 확보하고 싶습니다. 그러기 위해 과감히 투자할 생각입니다. 우리 내부엔 정보산업을 잘 아는 사람이 없습니다. 이 회장이 투자전략을 마련해주기 바랍니다."

"포철은 물론 우리나라를 위해 훌륭한 결단이라고 생각합니다. 저 또한 이런 기회와 이런 일을 간절히 원해왔습니다. 전력을 다해 한번 해보겠습니다."

두 사람은 쉽게 의기투합했다. 곧바로 포스코는 여의도 63빌딩에 번듯한 사무실을 마련했다. 한강이 내려다보이는 근사한 자리였다. 그리고 이용태는 포스코 직원 한 명과 포항공대 교수 한 사람을 데리고 미국 출장길에 올랐다. 마이크로소프트사의 빌 게이츠 회장과 인텔의 엔디 그로브 회장, 그리고 썬마이크로시스템즈의 스콧 맥릴리 회장을 만났다. 그들은 한결같이 놀라워하면서 기꺼이 협력할 뜻을 보였다. 샌디에이고에 가서는 컴퓨터 하드웨어와 소프트웨어, 반도체, 통신 등 정보산업의 이름난 컨설턴트를 모아 전략회의도 열었다. '한국의 실정과 컴퓨터산업의 미래를 볼 때 포철이 어떤 전략을 수립해야 하는가.' 이 주제에 대한 진지한 의견교환이 이뤄졌다. 그러나 1993년 봄날에 박태준이 포스코를 떠나면서 원대한 비전도 사라져야 했다.

중국투자

1990년 8월, 박태준은 'POSCO 2000' 계획을 세웠다. 광양제철소까지 마무리되면 또 다른 비전이 필요했기 때문이다. 이 계획에 따라 포스코는 사업다각화를 시도했다. 그래서 눈을 돌린 곳이 '중국과 동남아'였다. 1985년 9월 중국 바오산 제철소는 제1고로로 화입식을 했다. 중국은 이때 포스코에 손을 뻗쳐왔고 박태준은 미래를 생각하며 그 손을 굳게 잡았다. 공식적인 한·중 수교가 1992년 8월에 이루어졌으니, 그보다 훨씬 앞서는 선견지명이었다. 박태준은 포항과 광양에 이어 중국에 1000만 톤 규모의 포스코 제3제철소를 짓겠다는 구상을 내놓았다. 하지만 박태준이 포철을 떠나자 물거품이 되었다. 이후 바오산 제철소는 신일본제철의 도움을 받았고, 지금은 조강 생산능력 세계 9위에 올랐다. 포스코는 뒤늦게 중국 진출에 열을 올렸다. 잃어버린 중국투자 10년, 박태준이 만들었던 그 천금의 기회가 아쉽기 그지없다.

베트남과의 협력

1990년대 초 포스코는 베트남과 합작해 '포스비나'를 세우고 연간 3만 톤 규모의 아연도금강판공장을 짓기로 했다. 그해 11월에 하노이에서 도무오이 공산당 서기장을 만났다. 그 만남이 계기가 되어 포스코는 베트남 철강공사와 함께 현지에 연산20만 톤 규모의 작은 전기로공장(미니밀)과 3만 톤 규모의 강판공장을 세웠다. 그때 베트남은 매년 7퍼센트 이상 경제성장이 꾸준히 이루어지고 있었다. 박태준은 한국이야말로 베트남 경제성장에 전폭적인 지원을 아끼지 말아야 한다고 생각했다. 그것이 역사의 부채도 갚고 우리의 도덕성을 한 단계 끌어올리는 길이라고 믿었다. 그러나 1993년 박태준이 포스코에서 물러나자 베트남 프로젝트는 더 이상 진전이 없었다.

미래를 위한 준비는 조직이 살아남기 위해 꼭 필요한 준비이다. 자고 일어나면 바뀌는 세상이라는 말처럼 변화무쌍한 세상 속에서 잘되고 있을 때 미래를 준비해야 한다. 오늘을 충실히 살아내는 이유는 미래를 준비하는 삶의 자세이다. 나와 내가 몸담고 있는 조직은 내일을 위하여 무엇을 준비하고 있는지 생각해 보자.

복습을 위한 질문

1. 포스코의 미래를 위한 투자를 조직변혁 사이클 관점에서 설명해 보자.

2. 포스코는 성숙에서 미래를 위해 어떠한 준비를 하였는지 생각해 보자.
   (제철소, 인재육성, 첨단산업으로의 사업 포트폴리오 확대 등)

② 교육보국을 향한 신념

학습목표

이 장에서 숙지해야 할 사항

1. 변화의 3단계를 이해한다.
2. 변화의 필요성과 조직의 성공을 위한 과정을 이해한다.
3. 기존과는 다른 방식으로 변혁을 통한 조직성공을 이끈 청암의 관점을
   학습하고 이해한다.

교육을 통한 인재육성은 그 개념적 근간을 리더십의 행동이론에서 찾을
수 있다. 1940년대 후반부터 1960년대까지 초기의 리더십 연구들은 리더
들의 특성이 리더십 유효성에 영향을 미칠 것으로 생각했다. 그러나 초기의
특성연구는 대부분 실패로 끝이 났다. 따라서 리더십 연구자들은 각기 다른
방향을 모색하게 되었다. 이들은 효과적인 리더의 행동에 어떤 특이한 방식
이 있는 것인지에 대해 궁금해했다. 이러한 배경에서 진행된 연구가 리더십
행동이론이다.

리더십 행동이론은 널리 알려진 1940년대 후반 오하이오 연구(Ohio
State Studies)에서 시작되었다. 이 연구는 구성원들이 생각하는 리더십 행
동의 가장 중요한 부분을 두 가지 요인으로 제안하였다. 하나는 과업지향
(initiating structure)이고 다른 하나는 인간적 배려(consideration)였다.

과업지향적 행동은 목적을 달성하기 위해 리더가 자신과 부하직원들의

역할을 정의하고 조직화하는 정도를 의미한다. 이는 직무와 작업관계, 목적을 조직하려고 하는 모든 형태의 행동을 포함한다. 과업지향적 리더는 '그룹 멤버들을 세분화된 업무에 배정하는 것', '직원들이 업무기준을 유지하는 것을 기대하는 것', '마감시간에 맞추는 것을 강조하는 것' 등을 강조한다.

인간적 배려는 업무와 관련된 관리자가 중립적 신뢰에 바탕을 두고 직원들의 아이디어를 존중하며, 그들의 감정을 보호하는 특징을 가진다. 인간적 배려에 뛰어난 리더는 직원들이 개인적인 문제를 해결하도록 도움을 주며, 친근하고 쉽게 다가갈 수 있도록 하며, 직원들을 평등하게 대우하고 인정과 지지를 표한다.

이 연구의 특징은 리더의 행동을 과업지향적 행동과 인간적 배려 행동으로 구분하고 2X2 매트릭스로 구분하고(각각 높은 수준, 낮은 수준으로 분류), 두 가지 행동 모두 높은 수준이 바람직한 리더의 행동이라는 점을 제시했다는 데 있다. 이러한 오하이오 연구는 리더십은 타고나는 것이 아니라, 체계적인 준비와 노력으로 충분히 개발(leadership development)수 있다는 것으로, 리더십 육성에 커다란 관점의 변화를 불러왔다. 리더는 태어나는 것이 아니라 만들어지는 것이다. 이 메시지를 우리에게 전달해 주었다.

교육보국을 신념으로

보험 리베이트를 교육의 초석으로

1970년 가을 어느 날이었다. 박태준의 인생에 처음으로 굉장한 규모의 공돈이 저절로 굴러왔다. 보험회사 리베이트 6천만 원. 1기 건설이 시작돼 영일만으로 들어오는 고가 설비에는 규정상 거래하는 양측이 다 보험을 들어야 했는데, 그게 뜻밖에도 돈으로 떨어졌다.

임원들과 의논한 끝에 대통령에게 통치자금으로 드리는 게 좋다고 판단했다. 공화당 재정담당 책임자가 정치자금 모으느라 포스코에도 계속 압력을 가해오는 상황에서 부담 없는 공돈이 생겼으니 체면치레는 될 것 같았다.

그러나 박 대통령은 그 돈을 사양했다. 봉투를 돌려받은 박태준의 머리엔 '장학재단 설립'이 떠올랐다. 포항으로 내려온 그는 곧 임원회의를 열었다. '공돈 6천만 원을 어떻게 쓸 것인가'가 주제였다. 여기서 그는 미래를 위한 종잣돈으로 쓰자는 안을 냈다.

"우리 회사의 주택문제는 어느 정도 해결되고 있으니, 하나 남은 중요한 과제는 우리 사원 자녀들의 교육문제요. 앞으로 사원이 대폭 늘어나고 젊은 사원이 나이 들어가면 무엇보다 자녀교육이 회사의 중요한 복지과제로 떠오를 텐데, 그때를 대비해서 이걸로 제철장학재단을 설립하면 어떻겠소?"

모두 흔쾌히 동의했다. 이튿날부터 실무진은 장학재단 설립을 위한 법적 절차에 들어갔다. 1970년 11월 5일 포스코 제1회의실에서 '재단법인 제철장학회' 설립 이사회가 열렸다. 박태준은 원대한 포부의 한 자락을 내비쳤다.

"오늘 조촐하게 출발의 첫걸음을 내디디지만, 장차 우리 사원들에게 최고의 교육시설과 장학혜택을 제공하게 될 것입니다. 더 나아가 국가 장래와 교육을 연결시키는 철학적 사고가 바탕이 되어야 합니다. 사람은 교육에 의하여 그 능력을 최대한 발휘할 수 있으며, 숨은 역량은 교육을 통해서만 계발되는 것입니다."

은행 빚을 얻어 사원주택 해결의 첫발을 내디딘 박태준은 묘하게도 리베이트라는 공돈으로 사원자녀 교육에 첫발을 내디뎠다. 제철장학재단은 포스코의 교육적 모태였다. 이 재단이 1971년 9월 첫 유치원을 세운 뒤로 회사의 성장과 사원 자녀의 성장이 거의 일치함에 따라, 포스코는 각급 학교를 차례차례 설립해나갔다. 포항의 직원들이 대거 옮겨간 광양에선 유치원부터 고등학교까지 거의 한꺼번에 세우게 된다.

건학이념

청암의 건학 이념은 '교육보국(敎育報國)'이 핵이다. 교육을 통해 민족중흥과 국운융성에 기여하겠다는 그의 의지가 깃들어 있다. 포철의 창업정신인 '제철보국'과 같은 맥락이다. '교육보국'은 '제철보국'과 나란히 세워진 깃발이다.

박태준의 인재양성을 향한 웅대한 집념은 포스텍을 탄생시켰다.

"민족의 장래를 위하여 오늘을 극기하고, 자원 빈국인 우리나라의 지상 과제인 무한한 창의력을 계발하는 것도 교육이 짊어져야 할 역사적 소명입니다."

이렇게 역설해온 그는, 바로 자신이 제시한 소명의 길을 따라 순수한 자신의 의지대로 뚜벅뚜벅 걸어 나갔다.

종합제철소 건설을 위해 고가의 설비를 구매했던 포스코는 각 설비마다 운반, 설치 등 전 과정에 대해 보험을 들었다. 당시 거래 관행상 고가 설비에는 거래하는 양측이 다 보험을 들어야 했다. 그 보험료에서 당시 돈으로 6천만 원의 합법적인 리베이트가 돌아왔다. 결국 그 돈은 포스코 장학재단 설립의 종잣돈(Seed money)이 된다. 합법적인 리베이트가 정치자금으로 쓰이지 않고 교육보국의 중요 재원이 되었던 것이다.

박정희 대통령이 받지 않은 6천만 원은 고스란히 재단법인 제철장학회에 출연되었고 제철장학회는 장학업무를 전담하게 된다. 1971년 9월 개원한 효자제철유치원을 선두로 1974년 지곡초등학교, 1978년 지곡중학교가 공립학교로 개교하였으며, 1976년 11월 학교법인 제철학원을 설립하고 1978년 포항제철고등학교를 인수하기에 이른다. 포항제철고등학교는 포스코가 필요로 하는 인재 양성을 목표로 하는 현장위주 실무교육의 특수목적 공업고등학교였다. 포항제철고등학교를 인수하는 자리에서 청암은 "교육은 천하의 공업이며, 만인의 정성으로 이루어지는 것이라 믿습니다."라는 그의 견해와 의지를 피력했다. 이후 '제철학원'은 공립학교인 지곡중학교를 인수 포철중학교로 개명하고 1981년 3월에는 사립 포철고등학교를 설립했다. '제철학원'이 설립한 학교는 최우수 환경을 갖추었고, 우수교원 확충을 위한 공개채용, 전국 주요 대학 우수졸업예정자 초청, 제철수당 제공, 주택 및 주택 융자금 제공 등의 제도를 도입했다. 2014년 기준 포항에 7개의 학교와, 광양에 5개의 학교를 만들었고, 이와는 별도로 과학기술대학인 포스텍(포항공과대학, 포항공대)을 설립하였으며, 포스텍은 영국《더타임즈》가 설립 50년 이내인 대학을 대상으로 하는 평가에서 2012, 2013년 연속으로 '세계에서 성장 가능성이 가장 높은 대학'으로 선정되기도 하였다. 특히《더타임즈》편집장은 포스텍을 사례로 제시하며, 기업이 충분히 세계적 수준의 대학을 상대적으로 짧은 시간 안에 만들 수 있다는 것을 보여주었다고 평가하였다.

청암은 포스텍의 설립 이유를 다음과 같이 말하였다. "문자 그대로 무에서 출발했던 포항제철소 건설 여정을 통해, 저는 숱한 통한을 견디고 이겨야 했습니다만, 그 중에서도 산업현장과 동떨어진 한국 공과대학 교육과 한국 과학기술의 후진성은 뼈에 사무치는 문제였습니다. 바로 여기서 포항공대는 잉태되었습니다. 인구에 비해 세계에서 두 번째로 많은 대학생을 가지고 있으면서도 인재의 부족을 느껴야 하고 선진국 대열의 문턱에 와서도 선진 기술의 도입 내지는 모방에서 완전히 탈피하지 못하고 있는 우리나라의 현실에서 포항공과대학이 해야 할 일은 마땅히 최고의 연구업적과 인재를 양성함으로써 우리나라의 과학기술을 세계적인 수준으로 끌어올리는 일이라고 생각합니다."

포스텍의 설립 배경을 조금 더 알아보자. 청암은 연구와 생산이 어우러진 산학 클러스터를 계획하였다. 이것은 그의 교육보국 철학과 연계되어 진행되었다. 그는 캘리포니아공과대학(칼텍, CIT)을 필두로 오스티리아 레오벤공대, 스위스 취리히공대, 독일 아헨공대, 영국 임페이얼공대, 버밍험공대, 미국 매사추세츠공대, 버클리공대, 일리노이공대 등을 방문하였고, 이를 바탕으로 세계적 수준의 포항공대를 만들기 위한 청사진을 그렸다. '민족의 장래를 위하여 오늘을 극기하고, 자원 빈국인 우리나라의 지상 과제로서 무한한 창의력을 계발하는 것이 교육이 짊어져야 할 소명'이라고 역설한 그는 교육보국을 자신의 소명으로 인식하고 있었다.

박태준은 마음속으로 항상 나라를 바로 세우기 위해서 가장 중요한 것은 교육이라고 생각했다. 군인에서 기업가로 변신했을 때도 마찬가지였다. 박태준이 대한중석과 포스코를 맡았을 때 우선시 했던 일들 중의 하나가 제대로 된 학교를 만드는 일이었다. 박태준은 자연스레 또 다른 꿈을 품었다. 그것은 세계적인 제철소만큼이나 큰 목표였다. '최고의 유치원'에서부터 '최고의 대학'까지 만들고 싶었다.

박태준은 제철소를 세워야만 나라가 부강해질 수 있다고 믿었듯이, 교육을 통해 인재를 양성해야만 나라가 발전할 수 있다고 믿었다. 그는 제철소 건설과 함께 교육을 통해 나라에 보답하고자 했다. 이것이 그의 '교육보국(教育報國)' 사상이다. 교육보국에 그는 온 정열을 쏟아 부었다. 현재는 장학재단, 학교법인, 포항공대법인, 그리고 포스코청암재단으로 분리돼 있다.

빈 좌대

포스텍의 '무은재 도서관'(무은재는 고 김호길 총장의 호) 앞 작은 광장엔 여섯 개의 좌대가 있다. 넷은 이미 임자가 있다. 아인슈타인, 에디슨, 뉴턴, 맥스웰의 흉상이다.

빈 좌대는 둘. '미래의 한국 과학자'를 모시려고 비워뒀다. "포항 공대에 몸담은 한국 과학자들 중 노벨상을 받거나 그에 필적할 만한 업적을 이룩하면 그가 좌대의 주인이 될 것이다. 그 자리의 주인이 어서 나타나는 게 늙은 내게 남은 몇 가지 소망 가운데 하나다." (박태준, 《중앙일보》 2004.10.7.)

김호길 포항공과대학교 초대 총장

광양제철소 건설시 일본의 부메랑 효과로 기술이전을 기피했던 1980년 이후부터 청암은 기술 자립의 중요성을 자주 거론했다. 이는 1970년대 기술도입기에 기술전수와 교육에 대한 중요성을 강조하던 것에서 한 단계 높아진 비전이었다. 경영다각화와 기업의 연구개발을 효과적으로 추진하고, 나아가 국가에 공헌할 수 있는 인재를 육성하기 위해 교육과 연구에 더 투자하기로 결심하고, 포항공대(POSTECH)와 기업체 연구소인 산업과학기술연구소(RIST)를 설립했다.

포항공대 설립을 위한 실무 작업이 추진되고 있을 무렵 포스코의 실무진은 물리학박사 김호길과 접촉하고 있었다. 그는 1983년 당시

럭키금성이 추진하던 연암공대 설립에 참여하기로 약속되어 있었고, 이미 문교부(현 교육부) 관계자나 과학기술처 고위인사로부터 연암공대 인가 약속을 구두로 받은 상황이었다. 김호길 박사는 결국 '인가불가' 통보를 받게 된 연암공대 설립을 관철시키기 위해 전두환 대통령 앞으로 전정서를 보낼 정도로 지도력과 추진력을 지닌 인물로 평가받고 있었다. 포스코의 실무진이 김호길 박사를 포항공대로 초빙하기 위해 지속적인 제의와 접촉을 했지만, 그는 '연암공대 비인가'에 대한 불신이 큰 상황에서 포항에 신설 대학 설립 인가에 대한 정부의 태도를 의심을 하며, 포스코의 초빙을 거절했다.

실무진의 집요한 설득 끝에 김호길 박사는 1985년 6월 포스코를 방문, 청암과 처음 대면했다. "캘리포니아공과대학 같은 대학을 만들고 싶다"라는 청암에게 "칼텍도 아시네요. 쇠만 만들 줄 아시는가 했더니 대학에 대해서도 좀 아시네요"라고 답변한 김호길 박사와의 긴장된 첫 만남은 오랜 시간 지속되며 우리나라 이공교육의 문제점, 어떤 대학이 왜 필요한가에 대해 의견을 나누면서 결국 대학 설립에 대한 의견접근에 이르게 된다.

이날 김호길 박사는 "현재는 포스코 부설 포항공대지만 나중에는 포항공대 부설 포스코가 된다"며, 학교의 조직이나 개설학과 그리고 교수의 수준이나 교수와 학생의 비율 등에 대해 일체의 위임을 요구했다. 이는 곧 사립학교법에 규정된 재단이사장의 권한을 넘겨달라는 요구였다. 포항공대 설립 추진 실무진들의 입장에서는 무례하고, 불안한 대화였으나, 청암은 '초대 학장은 창업자와 마찬가지 역할'이라며 김호길 박사를 초대 총장으로 초빙하도록 지시했다. 정부로부터 포항공대 설립인가의 최종승인이 난 후 청암은 그에게 교수임용 등 대학운영을 일임하고 재정적 지원을 약속했다.

"나는 포항공대 건설본부장의 끈질긴 권유로 1985년 5월 처음으로 포항을 방문, 박태준 회장과 저녁을 함께 하기로 되었다. 우리나라의 사정이 박회장을 포스코의 창업자로 만들어 민족기업을 탄생시켰지만, 나는 그의 폭넓은 지식과 논리적인 화술에 빠져 들어가면서, 박회장이 학계에 투신했더라도 학계의 지도자로 부상했으리라는 생각을 가지게 되었다. 일의 선후와 본말을 빨리 파악하고 공학도적 정확성을 바탕으로 면밀한 계산을 하는 동시에 미래에 대한 혜안으로 계산된 모험을 감행할 수 있는 보기 드문 지도자의 자질을 가진 분이라는 첫인상을 받았는데, 첫 대면에서 느낀 이러한 인상은 지금도 변하지 않고 있다."(김호길, 포항공과대학 초대 총장)

유치원~포항공대

포스코가 최초로 설립한 교육기관은 1971년 9월 25일 개원한 '효자제철유치원'이다. 주거정책과 복지후생정책으로 직원들의 삶은 안정되었으나 자녀교육시설과 장학수혜정책 수립이 시급한 과제로 대두된 즈음이었다. 운영은 제철장학회가 맡았다. 유치원 개원식에 참석한 박태준은 귀여운 꼬마들과 어울려 기념사진을 찍었다. 아직 할아버지와는 먼 아버지의 얼굴이었다.

1970년대의 포스코는 성장과 건설의 시대였고, 사원 자녀들은 무럭무럭 자라났다. 박태준은 사원의 2세들에게 최고의 교육환경을 제공한다는 자신의 소망을 챙겨야 했다. 문제는 돈이었다. 조업 원년부터 흑자를 올린 포스코는 날이 갈수록 흑자규모가 늘어나고 있었지만 2기 3기 4기로 설비를 계속 확대해 나기기 위해서 스스로 충당

할 건설자금을 비축해야 했다. 그래서 그는 포철의 손으로 직접 설립하고 운영하는 '포철 사학의 시대'를 몇 년 더 미룰 수밖에 없다는 판단을 내리고 사원주택단지 안에 먼저 공립학교부터 유치하였다. 1974년 3월 1일 공립 지곡초등학교가 문을 열고, 1978년 3월 1일 공립 지곡중학교가 문을 열었다.

포항 3기를 완공하고 4기 건설을 시작할 무렵, 이제는 '포철 사학의 시대'를 개막할 때라고 판단했다. '최고의 유치원에서부터 최고의 대학까지'. 이 구상에 따른 획기적 준비는 1976년 11월 16일 이루어졌다. 장학회로서는 유치원밖에 설립할 수 없어서 기존의 제철장학회는 그 이름에 어울리는 '장학금 지원 사업'을 전담하기로 하고, 학교들을 운영해나갈 '학교법인 제철학원'을 설립한다.

학교법인 제철학원은 가장 먼저 공립 포항공업고등학교를 인수하여 사립 포항제철공업고등학교로 만들었다. 포철 인력의 안정적 공급원을 확보하기 위해서는 공고를 신설하는 것보다 기존의 공고를 인수하는 쪽이 더 효율적이었다. 1970년 3월에 개교한 공립 포항공고는 1978년 3월부터 특수목적 공고로 변신하기 위해 '포항제철공업고등학교'란 교명 변경을 승인받고, 학교법인 제철학원은 1978년 9월 1일 포철공고를 정식으로 인수했다. 이 자리에서 박태준은 제철학원 이사장으로 자신의 교육 신념의 고갱이를 피력했다.

"교육은 천하의 공업(公業)이며 만인의 정성으로 이루어지는 것이라고 믿습니다."

제철학원은 1980년 3월 공립 지곡중학교를 사립 포철중학교로 인수하고, 1981년 3월 사립 포철고등학교를 설립했다.

공립 고등학교들이 한 학급 60명을 기본으로 하는 시대에 한 학급 40명으로 모집한 학교법인 제철학원은, 전국의 우수교원을 초빙하기 위해 주요 일간지 공고를 통한 공개채용, 전국 주요 대학의 우수 졸업예정자 초청, 제철수당 제공, 주택 및 주택 융자금 제공 등을 시행했다. 물론 이러한 제도는 고스란히 광양만으로 옮겨진다.

　2004년 포스코는 포항공대를 따로 빼놓더라고 교육재단 산하에만 포항 8개교(유치원2, 초등학교3, 중 고등학교 3)와 광양 6개교(유치원2, 초등학교2, 중 고등학교 2)의 14개 학교를 두었다. 학생의 80퍼센트 정도가 직원 자녀들이다. 한국 최고 교육시설, 각종 경시대회 최상위권 입상, 브라질 코치가 지도하는 축구부, 러시아 국가대표 코치를 영입한 체조부, 국내 유일의 국제경기 규격을 갖춘 체조체육관…. 이 학교들은 모든 분야에서 명실공히 한국최고의 교육기관으로 명성을 날린다. 더구나 한국의 사학재단이 학교경영 예산의 1퍼센트도 출연하지 않는 것과는 아주 대조적으로, 설립에서부터 운영예산의 전액이 완전히 포스코의 출연으로 이루어졌다. 이는 박태준의 결정과 의지였다.

청암은 '사람은 교육에 의해서 그 능력을 최대한 발휘할 수 있다'고 하였다. '자원은 유한, 창의는 무한'이 의미하는 인재육성의 철학은 무엇이었으며, 포스코의 창업과정에서 이러한 철학은 어떻게 실현되었는지를 생각해 본다.

복습을 위한 질문

1. 체계적인 리더 육성 관점에서 교육보국의 의미를 생각해 보자.

2. 포스코가 행한 사람에 대한 전략적 투자는 무엇이었는가?

청암의 리더십

청암은 평소 조직 내 관리자들에게 다음과 같은 내용을 자주 언급하면서 리더로서 리더다운 역할을 요구하였다.(1996년, 황경노 포스코 제2대 회장)

> **"부하는 상사를 속일 수 있어도,**
> **상사는 절대로 부하를 속일 수 없다"**

청암이 신일본제철 이나야마 회장을 방문했을 때 일이다. 이나야마 회장이 알려줬다.

"지난 8월에 중국의 덩샤오핑이 우리 제철소를 방문했습니다. 자본주의 경제제도에 관심이 많은 것을 보니 죽의 장막에도 조금씩 문이 열리는 것 같습니다. 덩샤오핑은 일본의 제철소에 대한 관심이 유난히 깊더군요. 기미츠제철소를 둘러보자 뜻밖에도 포항제철 이야기를 꺼냈습니다. 결론은 우리한테 포철 같은 제철소를 중국에 지어달라는 것이었어요. 진심의 부탁이었는데, 가능한 것 같지 않다고 공손히 답했어요. 덩샤오핑은 주박심 내는 것 같더니, 그게 그렇게 불가능한 요청이냐고 정중히 되물었습니다."

이나야마는 환한 표정으로 말을 이었다.

"제철소는 돈으로 짓는 것이 아니라 사람이 짓는데 중국에는 박태준이 없지 않느냐고, 박태준 같은 인물이 없으면 포철 같은 제철소를 지을 수 없다고 명백히 말해줬습니다. '포철은 기적'이라는 말과 함께요. 덩샤오핑은 생각에 잠기더니, 그러면 박태준을 수입하면 되겠다고 합디다. 박 사장님, 중국이 당신을 납치할지도 모릅니다."

이때 이미 중국 지도부는 '박태준 파일'을 갖추고 있었다. 어떤 인물이 어떤 신념과 어떤 리더십으로 포철의 기적을 이룩하였는지를 중국 지도부는 훤히 꿰차고 있었다. 그것은 1978년 여름 이후, 중국에서 한국의 경제인 가운데 '박태준'을 가장 훌륭한 인물로 인식시키는 계기가 되었다.

세계 철강업계가 인정하고 중국이 탐을 낸 청암 박태준 회장의 리더십. 본 장에서는 그의 리더십을 심도 있게 살펴본다.

① 가치 Value

학습목표

이 장에서 숙지해야 할 사항

1. 개인과 조직의 가치(value)를 이해한다.
2. 궁극적 가치와 수단적 가치의 차이를 이해한다.
3. 포스코의 궁극적 가치와 수단적 가치를 이해한다.

가치(value)란 "어떤 특정한 행동 양식이나 존재 목적이 다른 행동양식이나 존재 목적보다 개인적으로 또는 사회적으로 더 바람직하다는 기초적 신념"을 말한다. 이는 무엇이 옳고 그르며, 또한 무엇이 바람직한지에 대한 개인적 판단의 요인을 포함한다. 가치는 내용(content)과 강도(intensity)라는 속성을 갖고 있다. 가치의 내용은 행동양식이나 존재목적이 왜 중요한지를 알려주고, 가치의 강도는 그것이 얼마나 중요한지를 구체적으로 보여준다. 강도의 측면에서 가치에 순위를 매김으로써 가치체계(value system)가 성립되는데, 한 개인의 가치체계는 가치의 계층으로 구축된다. 다시 말해 가치체계는 자유, 억압, 자존심, 정직, 복종, 평등 등과 같은 가치에 부여하는 상대적인 주요성에 따라 그 틀이 형성된다는 것이다.

그렇다면 가치는 유동적일까? 일반적으로는 그렇지 않다고 한다. 가치는 상대적으로 안정적이고 지속적인 경향이 있다. 품고 있는 가치의 상당 부분은 어렸을 때 부모님, 선생님, 친구들, 그리고 타인과의 관계 속에서 형성되어 온 것이다. 아이들은 어떤 행동이 바람직하고 어떤 행동은 바람직하지 않다고 들으며 자란다. 여기에서 바람직한 것과 바람직하지 못한 두 가지 영역 사이의 회색지대(중간지대)는 거의 없다.

가치는 지각에 영향을 미친다는 점에서 태도와 행동 동기를 이해하는 근간이 되기 때문에 조직 내 구성원들의 행동을 이해함에 있어서 매우 중요한 의미를 갖는다. 사람들은 조직에 들어갈 때 무엇을 '해야 하는지' 무엇을 '하지 말아야 하는지' 미리 판단한다. 물론 이러한 판단 역시 가치로부터 자유로울 수는 없다. 오히려 그 반대로 무엇이 옳고 무엇이 그른지에 대한 우리의 일정한 해석을 동반하게 된다. 게다가 그 판단에는 특정 행동이나 성과를 다른 행동이나 성과보다 더 선호한다는 내용도 포함되어 있다. 그 결과 가치는 사건이나 사물에 대한 객관성(objectivity)과 합리성(rationaltiy)을 흐리게 하면서 태도와 행동에 영향을 미친다는 것이다.

밀턴 로키치(Milton Rokeach)는 로키치 가치 조사(Rokeach Value Survey: RVS)를 만들었다. RVS는 두 가지 가치 세트로 구성되는데, 한 세트 당 개인의 18가지 가치항목이 들어 있다.

궁극적 가치(terminal value)라 불리는 첫 번째 세트는 바람직한 행동양식과 관련되어 있다. 궁극적 가치는 개인이 살아가면서 달성하고자 하는 최종의 목표, 즉 목적을 의미한다. 두 번째 세트는 수단적 가치(instrumental value)이다. 수단적 가치는 궁극적 가치를 달성하는 데 선호되는 수단이나 행동방식과 관련이 있다.

기업 혹은 개인 측면에서 궁극적 가치란 예를 들면 '편안한 삶', '행복', 그리고 '세계 평화' 등이 있을 수 있으며, 수단적 가치는 '세계 1등', '시장 점유율 3위' 등이 좋은 예라 할 수 있다.

포스코가 창업 초기부터 지향해온 '제철보국'은 기업과 조직 구성원들이 추구하는 궁극적 가치의 대표적인 사례라고 할 수 있다.

역사 안에서

국가에 대한 헌신─소명

일찍이 1966년에 터진 한국비료 사건으로 이병철이 박정희와 척을 졌다. 그러나 대한중석을 맡으며 경제계로 들어와 포스코를 이끄는 기업인으로 변신한 박태준과는 항상 '존경하는 선배, 아끼는 후배'로 지내왔다. 선배의 호는 호암(湖巖), 후배의 호는 청암(靑巖)이다. 선배는 사업보국(事業報國)을 생각했고, 후배는 제철보국(製鐵報國)을 맹세했다.

1980년대 초기에 이병철은 박태준을 자주 불러 삼성그룹 경영에 대한 의견을 묻곤 했다. 선배가 후배에게 어마어마한 선물을 안기려고도 했다. 박태준 개인을 재벌로 변신시킬 수도 있었던 선배의 선물은 '삼성중공업을 주겠다'는 제안이었다.

"삼성중공업이 적자에 허덕이고 있는데, 연간 300억 원씩 5년간 지원할 테니 자네 회사로 받아가서 책임지고 살려라."

"너무 과분한 선물에 감사합니다. 그러나 아직 저는 제 일이 끝나지 않았습니다. 제가 국가의 일을 맡아 중도에 그만둘 수야 없지 않습니까?"

"자네다운 대답이고, 아름다운 대답이다."

박태준은 선배의 고마운 마음만 받고 돌려드린 그 '어마어마한 선물'을 몇 가지 뜻으로 해석했다. 중공업의 해결사는 박 아무개로 보였을 테고, 포스코에서 깨끗하게 물러난 다음의 후배의 남은 인생을 염려했을 테고, 만성적자는 삼성의 자존심에 안 맞았을 테고….

이병철은 임종을 기다리는 병상에서도 후배의 자그마한 부탁을 자상하게 수락한 적 있었다. 1987년 11월 박태준의 회갑연을 준비하는 사람들이 기념문집을 엮기 위해 삼성그룹 회장에게 덕담의 글을 청탁했을 때, 선배는 비서를 불러 자신의 구술을 받아 적게 했다.

"단단한 체구, 광채 나는 눈, 굳게 다문 입 등 선이 굵고 선명한 인상에서 무언가 큰일을 해낼 사람이라고 느꼈다. 지금까지 20년 세월 동안 박 회장과 나는 사업보국이라는 길을 함께 걷는 길벗이었다. 그는 부하들에게 무섭고 엄격한 사람으로 알려져 있는 모양이다. 완벽할 것을 요구하고, 결백할 것을 요구하고, 철저할 것을 요구한다. 개개인에게 자기가 가진 능력의 일백 퍼센트 이상을 일에 쏟아부을 것을 강조한다. 일의 원칙을 어기고 주어진 목표에 미달했을 땐 추상같은 벌이 내려진다. 그러나 내가 알기론 박 회장은 겉으로 칼날처럼 차고 날카롭지만 더없이 따뜻한 사람이다. 벌을 주어서 내보낸 사람도 꼭 다른 곳에 심어주어 일생을 책임지는 자상함을 가졌다. 신앙이 무엇이냐고 물으면 그는 서슴없이 '철(鐵)'이라고 대답한다. 군인의 기와 기업인의 혼을 가진 사람이다. 경영에 관한 한 불패의 명장이다. 우리의 풍토에서 박 회장이야말로 후세의 경영자들을 위한 살아있는 교재로서 귀중한 존재이다."

24만 개 볼트

1972년 6월 8일 포철은 '2기 설비추진본부'를 설립했다. 박태준은 그날따라 기초공사에서 큰 말썽을 일으킨 제강공장 지붕으로 올라 갔다. 주먹만 한 대형 볼트로 육중한 철 구조물을 연결하는 작업에는 볼트를 확실히 조이는 일이 가장 중요했다. 수백 톤씩 나가는 장비들의 반복운동을 견디지 못한 철 구조물은 예고도 없이 무너져 내릴 수 있기 때문이다. 문득 박태준은 걸음을 멈췄다. '볼트의 지저분한 머리'가 눈에 띄었다.

"지금 즉시 모든 볼트를 하나도 남김없이 일일이 확인하라! 잘못 조인 볼트는 머리에 흰 분필로 표시하라! 서울 사무소에 연락해서 시공회사의 책임자를 즉각 현장으로 내려오게 하라!."

무려 24만 개의 대형볼트… 그 중 400개의 볼트에 흰 분필이 칠해졌다. 그것은 모조리 교체되었다.

당장 폭파하라!

3기 건설과 4기 건설계획을 세우고 있던 청암은 1977년 8월 발전송풍설비 공사현장을 살펴보다가 유난히 한쪽만 뛰어나온 콘크리트 결함을 발견하게 된다. 콘크리트 양성시기가 맞지 않았던 것이다. 청암은 80퍼센트나 진척된 공사를 다이너마이트로 폭파하라는 지시를 했다.

"당장 폭파하라!"

모든 건설현장의 책임자와 간부, 외국인 기술 감독자, 그리고 포스코의 임직원이 함께 모여 폭파 광경을 지켜봤다. 이는 어떤 호소보다도 더 명확한 메시지로 전달됐다.

'포철의 사전에 부실공사는 없다.'

불량 감사 지시

1983년 7월 박태준은 호안공사 감사를 지시했다. 한종웅, 박두균 등이 광양으로 달려갔다. 그들은 눈에 불을 켰다. 공구마다 불량한 곳이 많았다. 그냥 지나칠 문제가 아닌 듯 했다. 돌의 강도, 규격, 시공 상태 등에 대한 보고서를 만들었다. 7월 13일 임원회의가 열렸다. 한종웅의 보고가 끝나자 박태준이 물었다.

"시공 상태는 확인했어?"

"예에?"

여태 보고한 내용이 바로 그것이었다.

"바닷속의 시공 상태도 점검했느냐 말이야! 안했지?"

"바닷속까지는….."

"무너지면 물속에서부터 터지지 물밖에서 터지는가!"

바닷속의 돌까지 자세히 살피라는 엄명을 내린 박태준은 네덜란드를 떠올렸다. 바다를 막아 육지를 만든 나라를 상상하면, 바다부터 막고 바다를 메워 육중한 제철공장을 세우려는 그는 '호안축조 공사'의 부실 방지에 집착할 수밖에 없었다.

감사팀은 먼저 포항시내에 나가 스쿠버 장비부터 맞추었다. 그들은 잠수복을 어떻게 입는지 오리발 헤엄을 어떻게 하는지도 모르는 사람들이었다. 책을 구해 읽고, 전문가를 불러 교육도 받았다. 다시 광양으로 갔다. 7월 하순을 마칠 장마철이었다. 그들은 비를 무시했다. 35리 호안을 따라 '물속의 돌'과 '물밖의 돌'을 하나하나 확인해 나갔다. 규격 미달은 삼각표, 석질 불량은 엑스표, 짜임새 불량은 동그라미표. 건설회사 책임자들은 더럽게 독한 시어머니가 나왔다고 쑥덕거렸다. 그러나 그들은 소용돌이가 있는 위엄한 지점도 빼먹지 않았다.

8월 초에 그들은 서울로 올라왔다. 불량시공의 실태보고를 들은 박태준은 눈썹을 치켜세웠다.

"대형 간판을 100미터 떨어져서도 보일 정도로 크게 세워!"

그의 지시에 따라 '공사불량 재시공지구'라는 대문짝만 한 간판이 세워졌다. 그것은 대문짝만 한 붉은 글씨였다. 그 다음부터는 공사의 품질이 눈에 띄게 좋아졌다. 물론 드문드문 감사도 이루어졌다. 바다 위의 큼직한 붉은 이정표는 '포철의 사전에 부실공사는 없다'는 강력한 경고문이었다.

포스코 설립 초기, 청암은 도달할 수 없을 것 같은 높고 도전적인 목표를 제시하는 경우가 많았다. (이로 인해 일본에서 파견된 기술자와 갈등하거나 대립하기도 하였다.) 목표달성을 독려하기 위해 현장 중심 카리스마를 보였고, 제철보국과 우향우 정신과 같은 감성적 커뮤니케이션을 활용했으며, 선진경영기법과 기술혁신의 방법론을 제시하였다.

초기에 청암이 품었던 비전은 주위에서 보기에는 그야말로 '황당한 목표'였다. 대한국제제철차관단(KISA)이 등을 돌리고, 독일의 철강사 크루프사 관계자들이 서울을 떠나버렸으며, 세계은행조차 1969년 4월 포철에는 투자가치가 없다고 차관을 브라질로 돌리며 자금 지원을 거부한 상황에서 결국 일본의 대일청구권자금의 전용을 승인받았다.

철강왕 카네기는 35년 동안 연산 조강생산량 1,000만 톤을 이룬

데 비해 청암은 25년 동안 2,100만 톤을 달성했다. 이는 기술력과 자본이 없는 상황에서 이룬 기적이었다. 또한 포스코는 조업 개시 6개월 만에 흑자를 냈다. 1기의 성공을 바탕으로 1985년에는 두 번째 성공신화인 광양제철소 1기를 만들었고 1992년에는 애당초 목표였던 2,100만 톤 생산체제를 구축했다. 청암은 세계 철강업체로부터 신화창조자(Miracle-Maker)라는 칭송을 받았다.

청암은 "현장에서 나는 사장이 아니라 전쟁터 소대장이다. 전쟁터 소대장에겐 인격이 없다"라고 말하곤 했다. 당시 제철소 건설현장은 하나의 전쟁터였다. 박태준은 사령관 같고 직원들은 군인 같았다. 그는 지휘봉을 박살내면서 직원들의 안전모를 내려치기도 하는 등 도전적인 목표를 달성하기 위해 경영자에게 필요한 카리스마를 발휘하였다.

우향우 정신

청암은 목표에 대한 구성원들의 동기화를 위해 소명의식, 사명감, 애국심 등을 수시로 활용하는 감성적 커뮤니케이션 역량도 자주 보인다. 대표적인 사례가 이미 익힌 제철보국과 우향우 정신이다.

"이 제철소는 식민지배에 대한 보상금으로 받은 조상의 혈세로 짓는 것이니 만일 실패하면 바로 우향우해서 영일만에 빠져 죽어야 한다는 각오로 일해야 한다."

"기필코 제철소를 성공시켜 나라와 조상의 은혜에 보답해야 한다."

청암의 말은 진정성과 소명감을 전파하고자 했던 감성적 커뮤니케이션의 전형이라 할 수 있다.

또한 청암은 목표달성을 위해 구체적인 방법론을 제시하였다. 그는 자주운영을 위한 인재의 육성, 그리고 목표 달성을 위한 지속적인 학습과 성장을 강조했다. 선진기법을 도입하여 조직에 전수하고, 자율경영의 강조를 통해 커가는 조직에서 유기적인 목표지향이 가능하도록 조직을 육성했다. 도전적인 목표를 달성 가능한 목표로 만들기 위해 시스템을 구축해 나갔던 것이다.

성과주의, 업무 중심, 성과몰입 등은 특히 청암이 초창기 경영 일선에 있을 때 가장 강조하였던 대표적인 단어들이다. 끊임없이 이어지는 생산시설 확충 공사의 공기단축이나, 세계철강업계가 치열한 경쟁 속에서 지극히 낮은 가동률을 보이고 있는 상황에서도 증설을 결정한 광양제철소 1기 건설추진 등 헤아리기 어려운 많은 도전과 연이은 성취들은 그의 현장 프로듀서로서의 독려와 추진력의 결과물이다.

생각하기

포스코의 가치 중 궁극적 가치와 수단적 가치는 무엇이었으며, 이러한 가치를 실현하기 위한 청암의 리더십을 생각해 본다. 더 나아가 지금 개인의 삶에 영향을 미치는 궁극적 가치와 수단적 가치는 무엇인지를 고민해 본다.

복습을 위한 질문

1. 포스코의 가치는 무엇인가?

2. 포스코의 궁극적 가치는 무엇이며, 그것이 청암의 리더십을 통해 어떻게 발현되었는가?

② 가치 있는 비전

학습목표

이 장에서 숙지해야 할 사항
1. 제철보국의 비전을 이해한다.
2. 제철보국의 비전을 실천하기 위한 우향우 정신을 이해한다.
3. 제철보국과 우향우 정신에 나타난 청암의 가치철학을 이해한다.

왜 가치 있는 비전인가? 비전다운 비전, 즉 호소력이 있는 비전은 모든 사람의 마음의 뿌리를 움직이게 한다. 이것은 누구의 압력에 의해서가 아니라 스스로 나서게 만드는 위력을 가진다. 비전에 담겨 있는 조직의 추구가치와 구성원 개인이 신봉하는 가치가 합치점을 이루기 때문이다.

좋은 비전은 신봉가치에 대한 구성원들의 공유 상태가 이루어지기 때문에 자연히 조직의 활력에 미치는 위력이 매우 클 수밖에 없다. 따라서 가치 있는 비전은 구성원들이 소속한 조직에서 미래의 희망을 갖고 열정적으로 노력해야 하는 이유와 창조적 행동의 방향을 명확히 해주는 역할을 하기 때문에 소명리더십의 효과성을 좌우하는 가장 중요한 근원적 요소가 될 수 있는 것이다.

무엇보다도 좋은 비전의 중요성은 구성원들에게 일의 의미를 찾게 하고 일에 몰입을 하게 만들며 희망과 신념을 북돋워줄 수 있는 기능을 한다는 데 있다. 그래서 루이스 프라이(Luis W. Fry, 2003)는 자신의 영적 리더십 인과모델(causal model of spiritual leadership)에서 좋은 비전은 구성원들의 직무소명감을 갖게 하는 리더 행동의 첫 번째 조건이라고 제시하였다. 좋은 비전은 구성원들의 마음의 뿌리인 직무소명의식을 갖게 하여 스스로 창조경영의 대열에 나서게 만들 수 있다.

그러면 어떻게 구성원들의 가슴에 와 닿는 '가치 있는 비전'을 만들 수가 있는 것인가? 우리는 남이 불가능한 일을 이루었을 때 그것을 신화창조라고 부른다. 국가든 기업이든 이러한 성공신화창조를 원한다면 가치 있는 좋은 비전을 만들어 구성원들이 마음 속 깊이 간직하게 해야 한다. 청암은 당시 모두가 불가능하다고 생각했던 제철보국의 비전을 설계하여 이를 성공신화로 만들었다.

그 제철보국의 비전은, 철은 모든 산업의 기초소재이므로 철강산업이 발전하지 못하면 국가 경제발전이 어렵다는 애국적 사명감에서 비롯된 것이었다. 하루속히 양질의 철강재를 값싸게 대량으로 생산하여(제철), 국부를 증대시키고 국민생활을 윤택하게 하며 복지사회 건설에 이바지해야 한다(보국)고, 청암은 확신했다. 또한 모든 구성원에게 그 제철보국의 비전을 가슴 깊이 간직하게 만들었다.

역사 안에서

제철보국의 비전

1969년 12월 3일. 진통 끝에 종합제철소 건설자금 조달을 위한 한 일기본협약이 조인되었다. 마침내 종합제철소 건설이 시작될 수 있었다.

박태준은 종합제철소 건설의 출발선에 서서 다시금 내면을 가다듬었다. 이 단계에서 자신의 가장 절실한 의무는 무엇인지, 사원들에겐 무엇이 필요한지 .

겨울바람 몰아치는 황량한 모래벌판에 사원들을 집합시킨 박태준은 알고 있었다. 입으로 하는 말은 잔소리에 그치면서 잊히기 쉽지만, 깊은 내면에서 뿜어져 나오는 외침은 다른 존재의 내면에 안착한다는 것을. 청암은 전 사원들을 집합시키고 다음과 같이 이야기한다.

"우리 조상의 혈세로 짓는 제철소입니다. 실패하면 조상에게 죄를 짓는 것이니, 목숨 걸고 일해야 합니다. 실패란 있을 수 없습니다. 실패하면 우리 모두 '우향우'해서 영일만 바다에 빠져죽어야 합니다. 기필코 제철소를 성공시켜 나라와 조상의 은혜에 보답합시다. 제철보국! 이제부터 이 말은 우리의 확고한 생활신조요, 인생철학이 되어야 합니다."

박태준은 비장했고 사원들은 뭉클했다. 누가 애쓸 필요도 없이 그 외침은 가슴과 가슴을 타고 번져나갔다. '조상의 혈세'는 포철 1기 건설에 투입되는 일제식민지 배상금을 의미했다. 이는 민족주의를 자극했다. 오른쪽으로 돌아서서 곧장 나아가 바다에 투신하자는 '우향우'는 비장한 애국주의를 고양했다. 둘은 '제철보국' 이념에 자양분이 되었다. 제철로써 조국의 은혜를 갚고 조국 세우기에 이바지하자는 것은, 민족과 국가를 위한 대역사에 참여한다는 자긍심을 조직에 불어넣었고 빠르게 '포철 정신'으로 뿌리내렸다.

설립 초기, 청암은 강압적 혹은 설득적 스타일을 통해 조직 구성원들이 '제철보국'이라는 사명감을 가질 수 있도록 노력했다. 구성원들이 제철보국에 얼마나 동기화되었는지에 대한 정량적 데이터는 없었지만, 조직 몰입 수준, 성취 지향, 자주관리 역량 배가활동의 결과물 등을 통한 간접적인 파악은 가능했다. 높은 사명감을 가지고 도전적인 목표를 달성하겠다는 진취성은 청암 리더십이 만들고자 했던 가장 중요한 전제조건이기도 하였다.

"철은 산업의 쌀이다. 쌀이 우리에게 생명과 성장의 원천이 되듯이 철은 모든 산업의 기초 소재가 된다. 따라서 양질의 철을 값싸게 대량으로 생산하여 국부를 증대시키고 국민생활을 윤택하게 하여 복지사회 건설에 이바지하자"

"내가 창업 초기부터 신입사원을 선발할 때 제일 중요시한 것은 알파를 가진 사람이냐 아니냐 하는 점이었다. 현재의 우리 직원은 입사 때부터 생활욕구 충족 이외에 플러스 알파가 있다고 믿는데, 그것은 바로 사명감이다."

"우리가 사기업체의 종업원과 크게 다른 점은 국민에게 봉사하는 공인이라는 점이다. 국가의 부름을 받고 일관제철소를 짓기 위해 (중략), 국가 경제를 우리 손으로 일으켜 보려는 철저한 공인 의식으로 (중략), 우리는 단순히 봉급만을 위한 회사의 피고용인이 아니다. 포항제철의 직원이 되는 순간부터 국민에게 봉사해야 하는 공인이 된 것이다."

청암은 제철소 건설을 통해 얻는 경제적 가치가 본인과 조직 구성원 그리고 회사차원의 사익이라고 생각하지 않았다. 제철소 건설을 위해 확보한 시드머니가 선조들의 목숨 대신 얻은 대일청구권이란 점을 자신과 조직 구성원들에게 항상 각인시켰으며, 궁극적으로 달성해야 할 목표는 '제철보국'을 통한 한국 사회의 '복지국가' 실현이라는 '공익적 가치'를 설파하였다. 그는 2008년 한 강연에서 이렇게 말했다.

"기업은 '나의 것'이란 의식도 필요하지만 성과는 '공(公)의 것'이라는 것을 생각해야 한다는 의미에서 '진정한 기업가정신에는 천하(天下)는 공(公)'이라는 가치관이 필요하다."

전술하였다시피 당시의 종합제철소 건설을 둘러싼 환경은 위험요소만이 존재하고 있었고, 자원은 전무한 그야말로 최악의 상황이었다. 하지만 청암 박태준은 자신이 활용할 수 있는 자원에 초점을 두기보다는 종합제철소 건설을 통한 한국사회의 경제적 성장과 국민생활의 안정이란 기회에 초점을 두었다. 또한 그는 제철소 건설이라는 자신이 직면한 목표를 하나의 과업으로만 보지 않았다. 그에게 종합제철소 건설이란 부국강병의 사명이었고 한국 근대화를 위한 초석이었다.

생각하기

_____

자신의 비전에 손을 얹고 그것에 충실하는 삶을 살아간다는 것은 어느 누구에게나 어려운 일이다. 소명이 없다면 불가능한 일이다. 나와 조직에 손을 얹을 비전이 있는지 다시금 생각해 본다.

_____

복습을 위한 질문

_____

1. 가치 있는 비전이란 무엇인가?

2. 우향우 정신은 가치 있는 비전의 측면에서 어떤 의미를 갖고 있는가?

3. 기업의 가치(value)로서 '제철보국'의 의미를 생각해 보자.

① 카리스마 리더십

존 F. 케네디(John F. Kennedy), 마틴 루터 킹(Martin Lutheer King Jr.), 스티브 잡스(Steve Jobs)는 카리스마 리더로 자주 인용되는 사람들이다. 이들은 어떤 공통점을 갖고 있을까?

카리스마 리더십

한 세기 전에 정치사회학자 막스 베버(Max Weber)는 카리스마(Charisma: 그리스어 '선물'에서 비롯됨)를 "보통 사람들과 구분되는 초자연적, 초인간적인 것(혹은 매우 특별한 권위 또는 자질)"을 부여받았다고 여겨지는 개인 성격의 특이한 자질이라고 정의하였다. 보통 사람들에게는 적용되지 않고, 신성한 것이나 모범적인 것으로 간주되어, 그 특성을 가진 개인만이 리더로서 인정되었다. 베버는 카리스마 리더십은 권위의 여러 가지 이상적인 형태 중의 하나라고 주장하였다.

카리스마 리더십을 주목한 최초 연구자는 로버트 하우스(Robert House)였다. 하우스의 카르스마적 리더십 이론(charismatic leadership theory)에 따르면, 부하들은 어떤 특정 행동이 나타날 때 영웅적이거나 비범한 리더십 능력이 있는 것으로 간주한다고 한다. 그는 비전을 갖고 있으며 자기 개인을 희생해서라도 비전을 성취하려고 한다. 또한 부하직원이 필요로 하는 것에 민감하여 아주 비범하게 행동하기도 한다.

카리스마적 리더의 주요 성격들

1. 비전과 명확한 표현

비전을 갖고 있으면서도 그것을 이상적인 목적으로 표현한다는 것은 현재보다 더 나은 미래를 제안하는 것이다. 그리고 다른 사람들이 이해할 수 있는 용어로 비전의 중요성에 대해 분명하게 설명할 수 있다.

2. 개인적인 위험

높은 개인적 위험을 떠맡고, 비싼 값을 치르며, 비전을 달성하기 위해 자신을 기꺼이 희생한다.

3. 부하직원의 욕구에 대한 민감성

부하직원들의 능력을 감지하고 그들의 욕구와 감정에 반응한다.

4. 관습에 얽매이지 않는 행동

고상하면서도 관습에 반대하는 행동을 보인다.

카리스마적 리더들은 부하들에게 어떻게 영향을 미칠까?

연구결과에 따르면 4단계 과정에 걸쳐 리더들이 부하에 영향을 미친다고 한다.

첫째, 리더가 호소력 있게 비전을 명확히 표현하는 것에서 시작된다. 비전은 조직의 현재와 보다 나은 미래를 연결시킴으로써 장기간 계획을 통한 목적달성을 제공한다. 적절한 비전은 시대와 환경에 잘 맞고, 조직의 특수성을 잘 반영한다.

애플에서 아이팟(iPod)으로 챔피언이 된 스트브 잡스는 다음과 같이 언급하였다.

"이것은 애플이 한 일 중에 가장 애플다운 일이다."

그 조직의 사람들은 비전을 달성하기 위해서는 반드시 도전적일 수밖에 없다는 것을 알게 해준 말이다. 아이팟을 통해 애플사는 많은 사람들이 쉽게 사용할 수 있는 기술을 제시하고자 하는 목적을 달성하였다.

둘째, 비전이란 조직의 비전과 의무를 정확하게 반영한 '비전 선언문'이 없이는 완성될 수 없다. 카리스마적 리더들은 비전 선언을 이용하여 부하직원들이 목표와 목적을 고취하도록 한다. 그들은 부하직원들이 목표를 각인할 수 있도록 높은 성취기대에 대해 서로 토론하고 자신감을 표현하도록 한다. 이것은 부하직원들의 자존감과 자신감을 더욱 높이는 역할을 한다. 이를 위해 청암은 '제철보국'이라는 조직의 비전과 의무를 명확히 하였다.

셋째, 리더가 하는 말과 보이는 행동은 부하직원들이 따라할 수 있도록 가치와 본보기를 담고 있어야 한다.

넷째, 카리스마적 리더는 비전에 대한 확신과 담대함을 보여주기 위해 감정을 유발시키거나 틀에 박히지 않는 행동을 보인다. 부하직원들은 리더가 전달하는 이 모든 감정을 흡수한다.

카리스마적 리더십은 상황에 따라 효과가 달라지는가?

연구자들은 카리스마 리더십과 부하들의 성과 및 직무만족감 간에 높은 상관관계가 있다고 보고한다. 카리스마적 리더들을 위해 일하는 사람들은 리더를 좋아하고 존경하며 큰 만족감을 보이기 때문에 더 많이 노력하는 것을 마다하지 않는다. 하지만 카리스마가 항상 보편화될 수는 없다. 카리스마의 효과는 상황에 따라 달라지기 때문이다.

② 변혁적 리더십

이 장에서 숙지해야 할 사항
1. 변혁적 리더십의 개념을 이해한다.
2. 거래적 리더십과의 개념적 차이를 명확히 이해한다.
3. 청암이 보여준 리더십을 통해 변혁적 리더십을 명확히 이해한다.

변혁적 리더십은 주로 거래적 리더십과 차별화하는 데 초점이 맞추어져 왔다. 오하이오주 연구, 피들러의 모델, 경로-목표이론, 리더참여 모형 등은 거래적 리더(transactional leader)를 설명한 것이다. 거래적 리더는 역할과 업무요구 상황을 명확히 해줌으로써 부하직원들이 목표를 달성할 수 있도록 해준다. 변혁적 리더(transformational leader)는 부하직원들이 조직의 이익을 위해 자신들의 이익을 희생하도록 고무하고 그들에게 특별한 영향력을 행사할 수 있다.

변혁적 리더들은 부하직원들이 문제를 새로운 방식으로 바라볼 수 있도록 도와줌으로써 그들의 문제에 대한 인식을 바꾼다. 그들은 또한 부하직원들을 자극하고 고무시킴으로써 그들이 조직의 목적 달성을 위해 추가적인 노력을 기울이도록 한다.

거래적 리더들과 변혁적 리더들의 특성

거래적 리더

상황에 따른 보상

노력과 보상을 교환하기로 계약하고, 성과에 대한 보상을 약속하며 성취를 인정함.

예외에 의한 관리(적극적)

규칙과 표준으로부터 벗어나지 않도록 지켜보고 조사하며 수정조치를 취함.

예외에 의한 관리(수동적)

표준이 이행되지 않을 경우에만 개입.

자유방임

책임을 포기하고 의사결정을 회피함.

변혁적 리더

카리스마

비전/미션을 제시하고, 자존심을 높여주며, 존경과 신뢰를 얻음.

영감을 주는 동기부여

높은 기대를 전달하고, 노력에 집중할 수 있도록 상징을 사용하며, 중요한 목적을 쉽게 표현함.

지적자극

지능, 합리성을 장려하며, 문제를 사려 깊게 해결함.

개인적인 배려

개인적 관심을 보이고, 직원들을 개별적으로 다루며, 코치하고 조언함.

거래적 리더	변혁적 리더
역할과 업무요구 사항을 명확히 해줌으로써 부하직원들이 목표를 달성할 수 있도록 지도하고 동기부여를 하는 리더	부하직원들이 조직의 이익을 위해 자신들의 이익을 희생하도록 고무하고, 부하직원들에게 특별한 영향력을 행사할 수 있는 능력을 가진 리더

거래적 리더와 변혁적 리더의 행동 특성

거래적 리더십과 변혁적 리더십을 단순히 일을 수행해 나가기 위한 상반된 방법으로 간주해서는 안 된다. 두 가지 리더십의 중요성이 정확히 같지는 않지만, 효율적인 조직관리 및 성과관리를 위해서는 상호보완적이라 할 수 있다. 변혁적 리더십은 거래적 리더십 위에 구축되며, 거래적 접근 방법만으로는 가져올 수 없는 부하직원들의 노력과 성과 수준을 기대할 수 있다.

경로 – 목표 이론

경로 – 목표 이론(path-goal theroy)은 로버트 하우스에 의해 제시된 리더십 이론으로 오하이오주 리더십 연구의 과업지향적, 인간적인 배려와 기대이론(expectancy theory)에 근거를 두고 있다. 이 이론은 리더가 할 일은 부하직원들에게 정보와 지원, 목적달성을 위한 자원들을 제공하는 것이라고 주장한다(경로-목표라는 용어는 뛰어난 리더는 직원들에게 일의 목적을 분명히 해주고, 그 목적을 달성하는 데 방해되는 것들을 줄여줌으로써, 구성원들이 편하게 일할 수 있게 한다는 것을 의미한다). 경로 – 목표 이론에 따르면, 리더가 지시적이거나 지원적이어야 하는지 혹은 다른 행동을 보여야만 하는지, 이는 상황에 대한 복잡한 분석에 달려 있다. 이 이론은 아래와 같은 사항들을 예측 혹은 기대한다.

(1) 지시적인 리더십은 잘 조직되어 있거나 잘 정리되어 있는 상황보다는 업무가 애매모호하거나 스트레스가 많은 업무인 경우에 큰 만족감을 이끌어낸다.
(2) 지원적인 리더십은 직원들이 잘 구성된 업무를 수행하고 있을 때 높은 만족감과 성과를 이끌어낸다.
(3) 지시적인 리더십은 뛰어난 능력과 오랜 기간의 경험을 가진 직원들에게는 불필요한 것으로 인지되는 경향이 있다.

리더-부하교환(Leader-Member Exchange)이론

여러분이 알고 있는 리더를 생각해 보자. 그 리더가 각별히 생각하는 내(內)집단(in-group)이 있는가? 여러분의 대답이 "네"라고 하면, 여러분은 이미 '리더-부하교환 이론'의 기본을 알고 있는 것이다. 리더-부하 교환 이론이 주장하는 것은, 시간이 부족하기 때문에 리더는 부하직원들 중에서 몇몇 사람들하고만 좀 더 친밀한 관계를 가질 수밖에 없다고 주장한다. 이 그룹에 소속된 개개인은 신뢰를 얻고 리더로부터 상당한 관심을 받으며 특별한 대우를 받는 것이 분명하다. 다른 부하직원들은 이 그룹의 밖에 있게 된다.

이 이론은 리더와 부하직원들의 초기 관계 형성 시, 리더는 부하직원들 중에서 그룹 안에 넣을 사람들과 아닌 사람들을 분류하고, 이러한 관계는 시간이 지남에 따라 더 안정적으로 자리를 잡아간다고 주장한다. 리더들은 측근에 둔 선호하는 직원들과는 포상을 통해 좋은 관계를 형성하고, 그 밖의 직원들에 대해서는 호의 정도가 상대적으로 낮게 나타난다. 리더가 어떻게 내그룹을 선택하는지에 대해서는 분명하지 않으나 몇몇 증거에 의하면 그룹 안의 팀원들이 그룹 밖의 사람들과 비교했을 때 리더와 출신 지역, 태도, 성격 특징이 비슷한 경우에 상당히 관계가 높은 것으로 나타났다.

1967년 청암 박태준이 지지부진하게 진행되던 종합제철소 건설을 맡게 되었을 때, 이를 기업가정신의 발현이라기보다 박정희 대통령이 맡기는 임무에 의한 선택이 아니었을까 하는 시각이 존재하는 것도 사실이다. 당시의 기록들을 살펴보면 박태준은 책임자로 내정된 자신을 싫어하는 정치세력들이 은근히 실패를 바라면서 (그만큼 제철소 건설은 정책을 추진하는 정부 관료들에게도 불가능한 도전이었기에) 오히려 대통령의 결정에 찬성했을지도(박태준 내정에 대한 여러 장관 및 기관들의 동의) 모른다는 생각을 했다고 전해진다. 하지만 박정희 대통령으로부터 정치 참여를 권유 받고 제안 받았음에도 그것을 거절하고 청암 자신의 의지대로 거취를 정한 사례들을 보면 종합제철소 건설 책임을 맡게 된 사실이 피할 수 없는 임무에 의한 비자발적 선택이 아니라 자발적이며 도전적인 선택이었음을 알 수 있다.

역사 안에서

카리스마 리더십

원료구매 계약

연간 100만 톤의 쇳물을 생산하려면 170만 톤의 철광석과 70만 톤의 코크스용 유연탄이 들어가야 한다. 한국은 철광석과 코크스용 유연탄의 매장량이 너무 빈약했다. 철광석은 소요량의 20퍼센트에 불과한 30만 톤 수준이고 유연탄은 전량 수입해야 하는 처지에서 미쓰비시는 위탁판매의 가능성을 타진한 포스코에 '직접구매의 불가능'만 강조하면서 높은 가격을 제시하여 자존심을 긁었다. 박태준은 호주와 인도의 철광석 회사와 석탄회사를 순방했으나 "귀사가 제철소를 성공적으로 건설할지 누가 보증합니까? 또 제철소를 완공한다고해도 세계 시장에 팔 수 있는 제품을 만들어낼 수 있을지 누가 장담할 수 있습니까? 이러니 우리가 어떻게 귀사의 원료대금 지불능력을 신뢰하겠습니까?"라는 반문을 들어야 했다. 호주의 광산업 대표들은 '모래벌판에 중장비들이 들어선 사진'과 '설계도'만 보고는 거래의 문호를 열어 주려 하지 않았다. 그러나 박태준은 "포스코는 대한민국 정부가 보장하는 국영기업체입니다. 내가 요구하는 대로 귀사가 응했는데도 손해를 입는다면 한국정부가 배상을 책임지겠다는 각서를 써줄 수도 있습니다."라는 제안을 했고, 3주일이나 걸렸지만 결국에는 일본과 동등한 가격으로 장기계약에 성공했다.

콘크리트 700입방미터 타설

청암은 초기에 선도적, 강압적 리더십 스타일을 통해 보다 도전적인 성과목표를 설정하고 그것을 달성할 수 있도록 강하게 몰아가는 모습을 보였다. 일반적으로 지나치게 높은 목표 혹은 달성하지 못할 것이라고 생각하기 쉬운 목표는 구성원들의 열정을 없애거나 변화저항을 보이는 부작용을 일으키는 경우가 많다. 하지만 포스코의 경우, 높은 성과목표에도 불구하고 변화저항이나 열정상실 등의 부작용이 매우 적었다. 그 이유는 청암과 조직원들 간에 형성된 높은 신뢰관계에서 찾을 수 있다.

그는 :

– 도전적인 목표를 달성하기 위한 개인적인 희생을 충분히 보여주었으며,

– 현장경영을 통해 솔선수범을 보여줬고,

– 전략적 방향과 도전적인 목표에 대해 명확한 말과 행동을 보였으며,

– 도전적 목표를 달성했을 때 얻을 수 있는 가치를 중점적으로 커뮤니케이션 하였다.

가장 대표적인 것은 1호 열연비상, 즉 하루 300입방미터의 콘크리트 타설이 가능한 수준을 700입방미터로 끌어올린 사례이다. 하지만 청암은 목표를 제시함과 동시에 목표를 달성하기 위한 방법도 제시하였으며, 목표에 도달할 수 있도록 현장에서 진두지휘를 마다하지 않았다. 졸고 있는 레미콘트럭 기사들을 깨우고 24시간 현장을 지키며 다그치고 격려했다.

이처럼 상호간의 신뢰(어떤 목표도 달성할 수 있다는 신뢰와 동의)

형성은 초기의 도전적인 하향식 목표설정에도 불구하고 도전의식의 내재화 및 일상화를 이루어내었고, 이러한 도전적인 목표설정 관행은 이후 체계적인 시스템 경영이 도입되면서 강화된 성과관리 시스템 하에서도 지속되었다.

포항 1기 건설 중 가장 먼저 착공한 열연공장은 대지 1만5천 평(약 49,586㎡)에 건평 1만4천 평(약 46,280㎡) 규모로 1970년 10월 1일에 착공, 1972년에 10월 31일에 완공하는 계획으로 엄청난 중량의 설비를 포함해서 1만4천 개 이상의 단위기계를 정밀하게 설치해야 하며 기초공사에 소요되는 콘크리트 총량만 해도 9만6천 입방미터나 되는 거대공사였다.

당시 콘크리트 기초공사는 계획과 달리 지연을 반복하고 있었다. 이는 설계변경에 따른 공사 지연과, 건설업체의 자재·인력·장비 부족 등이 주된 원인이었으며 특히 목수, 용접공, 중장비 기술자 대부분을 서울에서 모집해 포항으로 데려와야 하는 까닭에 공사현장의 인력난이 무척 심각했다. 열연공장의 공기 지연에 따라 일본 기술자는 설비 인도 계획을 연기할 것을 건의했다. 만약 설비가 공장 건축보다 먼저 도착하면 보관해 두었다가 다시 현장으로 옮기기 위해 대형 크레인을 동원해야 하고 이에 따른 보관비용 등 추가비용이 발생하기 때문이었다.

그러나 공기 지연은 건설비 가중뿐만 아니라 호주 원료공급업체와의 계약에도 영향을 미치는 사안이었다. 청암은 장비와 인력을 점검한 뒤 '하루에 700입방미터의 콘크리트 타설 실시'라는 목표를 제시한다. 하루에 많아야 300입방미터를 타설해온 건설현장은 목표량 달성을 위해 전투장으로 바뀌었다. 청암이 제시한 목표를 달성하기 위해 회사의 모든 임직원들이 조별 총감독으로 나서고 24시간 작업을 하도록 작업조가 편성되었다. 청암 역시 현장에서 함께 생활하며 동기부여와 과업관리를 실시하였다. 결국 두 달 만에 5개월 분량의 콘크리트 타설을 완료하여 지연된 공기를 만회하였다.

성동격서

1973년 일본에 체류 중인 김대중씨가 당시 일본의 통일당 당수를 만나러 가는 길에 우리나라 중앙정보부 요원에게 납치되어 한국과 일본 사이의 공해상에서 수장되기 전에 극적으로 구출되는 사건이 발생했다. 일본의 한국에 대한 항의가 강경했으며, 대한 경제협력의 전면 중단과 함께 한일각료 회담이 무기한 연기되었다. 이로 인해 포항제철소 2기 건설과 설비 구매에 대한 기술자문 및 협조도 중단되었다. 김대중 납치사건은 우리나라 중앙정보부 관련자를 면직 처분한다는 공개적 발표를 통해 일단락되었지만, 한일각료회의는 당초 예정일이었던 9월에서 12월 22일로 연기되어 도쿄에서 열리게 되었다.

청암은 포스코 문제를 해결하기 위해 각료회의 회담 장소로 찾아갔다. 그러나 일본의 완강한 협조거부를 확인하게 되었다. 이에 그는 일본에 머물면서 상황진척을 기다린 것이 아니라 곧바로 유럽으로 날아가는 결정을 내렸다. 차제에 일본에 편중되어 있던 차관선과 설비 구매선을 개선하여 루트의 다양화하려는 것으로, 사업적 난관을 정치적인 방법이 아닌 사업가의 방식으로 풀고자 했다.

독일 함부르크에 도착한 청암과 포스코 외자계약 담당자는 오스트리아 푀스트사, 독일의 오토사 등 설비회사 중역들에게 구매 및 차관 협상을 제의했다. 국내에 남아 있던 다른 외자계약 담당자는 미국으로 건너가 피츠버그의 코퍼스사와 고로 설비에 대해, 블로눅스사와 냉연 설비에 대한 구매 협상을 벌였다. 이렇게 현지와 국내를 오가며 벌인 협상은 결국 1974년 포항에서 실제 계약으로 이어진다.

국내에서 협상할 당시에 한국은 석유파동으로 절전운동이 한창이 었으나 청암은 포항의 '영일대' 주변을 환하게 밝혔다. 그 협상장소 와 가까운 거리에 숙소를 두고 있는, 1기 마무리를 위해 남아 있던 일본인 기술자들을 자극하기 위함이었다. 일본인 기술자들은 포스코 와 유럽 업체들의 분주한 움직임을 본사에 보고했고, 일본 업체들은 큰 규모의 수주를 놓치지 않기 위해 자국 정부에 교역금지 조치를 풀 어줄 것을 요구한다. 이에 따라 일본 각의에서 포스코 프로젝트만을 예외로 하는 양해를 얻어내게 되며, 일본 업체들도 2기 수주 경쟁에 참여하게 된다.

포스코는 일본과 유럽 업체들이 경쟁하는 수주 경쟁을 통해 5,000 만 달러나 절약하는 저렴한 가격에 설비를 구매할 수 있었다.

롬멜하우스와 현장 경영

청암은 1968년 창설요원 39명과 함께 포스코를 창립했다. 그는 포 항 효자동 사택에서 줄곧 숙식을 해결하는 가운데 작업화를 신고 현 장을 누비면서 직원들을 독려했다. 당시 건설본부의 이름은 '사막 의 여우'라고 불렸던 롬멜 장군의 이름을 딴 롬멜하우스였다. 청암 은 "현장에 나오면 나는 소장이 아니라 전쟁터의 소대장이다. 전쟁터 의 소대장에게는 인격이 없다"라며 부실공사와 안전사고를 예방하 며 공기를 단축하기 위해 현장 중심 리더십을 발휘했다. 결국 모래바 람만 가득했던 영일만에서 신화가 만들어졌다. 포스코는 현재 역사 관 안에 그 롬멜하우스를 건물 원형 그대로 이전하여 설치해두고 당시의 실행 및 돌파 정신을 되새기고 있다. 롬멜하우스는 청암의 주도적인 현장경영을 설명해 주는 대표적인 유산이다.

변혁적 리더십

10년 후의 자기 모습을 설계하라

"개개인의 비전이 모여서 국가와 시대의 새 지평을 열기 때문에 10년 뒤의 자기 모습을 그려놓고 치밀하고 정열적으로 그 길을 가야 합니다. 아직까지 10년 뒤의 자기 모습을 그려 놓지 않았다면 몇 날 며칠 밤을 지새우더라도 10년 후의 자기 모습을 그려야 합니다.

자기 인생의 미래를 설계하지 않는 사람은 지도자가 될 수 없습니다. 왜냐하면 우연한 기회에 지도자가 된다고 하더라도 당대의 비전을 제시할 수 없기 때문입니다. 국가가 융성하기 위해서는 지도층과 엘리트 계층이 부패하지 않고 자신감을 바탕으로 비전을 제시해야 합니다."(박태준의 국립하노이대학 특별강연 중에서)

간부회의 – 솔선수범

어느 날 간부회의에서 박태준은 느닷없이 이런 애매모호한 말을 던졌다.

"어떻게 하면 우리 직원들의 혼을 불러일으킬 수 있을까요?"

그러자 간부들은 눈을 동그랗게 뜬 채 서로의 얼굴만 멀뚱멀뚱 쳐다보았다.

"어떻게 하면 우리 직원들을 회사를 위해 헌신하는 사람으로 만들 수 있겠느냔 말입니다."

회사를 이끌어가는 사람의 입장에서는 직원들이 언제나 최선을 다해주기를 바라지만 그의 뜻대로 구성원들을 이끌기란 쉽지 않은 일이다.

"직원들은 언제나 월급을 많이 주기를 바라지요."

"과연 그럴까요? 저는 그렇게 생각하지 않습니다."

그도 그럴 것이 월급을 많이 주면 당장에는 열심히 할지 몰라도 시간이 지나면 다시 더 높은 월급을 바랄 것이다. 그러니 근본적인 해결은 되지 않는다.

"열심히 일할 수 있도록 어떠한 동기를 부여해 주는 것은 어떨까요? 직원들에게 긍지와 사명감을 심어 주는 것입니다."

누군가의 그 말에 곧바로 다른 간부가 반대 의견을 제시했다.

"하지만 그게 말처럼 쉬운 일은 아니잖습니까?"

"포항제철의 사명(社命)은 뚜렷하잖습니까. 나라의 발전을 위해 시작한 회사이니, 우리는 자연스레 나라의 경제발전에 이바지한다는 긍지와 사명감을 가질 수 있습니다."

박태준은 임원들의 대화를 가만히 듣고만 있다가 무겁게 입을 열었다.

"모두 맞는 말입니다. 특히 우리나라 사람들은 근본적으로 노동을 천시하는 경향이 있어요. 그래서 우리처럼 공장에서 노동하는 사람들은 긍지와 사명감을 가지기가 쉽지 않습니다. 우리는 그들에게 긍지와 사명감을 심어 주기 위해 모든 방법을 다 동원해야 합니다."

박태준은 이런 말로 끝을 맺었다.

"우리부터 긍지와 사명감을 가지고 일한다면 직원들은 자연스럽게 따라올 것입니다."

박태준은 직원들의 혼을 일깨우기 위해서는 솔선수범이 우선이며,

각자 스스로 긍지와 사명감을 가지는 것이 중요하다고 강조했다. (대
한민국을 바꾼 경제거인 시리즈 『박태준처럼』에서)

청암은 아랫사람에게 일을 맡기면 본인도 같이 연구한다. 그래서
박태준은 제철전문가 수준의 지식을 쌓았다. 제철분야에 대해서는
무엇을 물어봐도 막힘이 없었다. 하루 3~4시간 자면서 현장을 수시
로 점검하러 나간다. 그러므로 부하들이 따르게 되어 있다.

생각하기

청암 박태준은 카리스마적 리더십과 변혁적 리더십을 가장 잘 보여준 리더였다. 그의 리더십을 내 안에 내재화시키기 위해 스스로를 코칭한다면 무엇을 우선적으로 학습해야 할지 생각해 본다.

_____

복습을 위한 질문

_____

1. 청암의 리더십을 카리스마적 리더십과 변혁적 리더십의 관점에서 설명해 본다.

2. 청암의 리더십 행동 중 경로-목표이론, 리더-부하교환이론의 사례를 들어 설명해 본다.

③ 진실한 리더십 [Authentic Leadership]

학습목표

이 장에서 숙지해야 할 사항

1. 진실한 리더십을 정의한다.
2. 왜 진실한 리더들이 높은 도덕성과 신뢰를 보여주는지 알아본다.
3. 진실한 리더십으로서 청암의 리더십 행동을 알아본다.

진실한 리더들은 구성원들이 어떤 사람들이고, 무엇을 믿으며, 어디에 가치를 두는지에 대해 알고 있으며, 이 가치와 믿음을 공개적으로 솔직하게 실천한다. 이러한 리더들의 부하직원은 리더들이 도덕적인 사람들이라고 생각한다. 진실한 리더십의 가장 중심적인 자질은 신뢰이다. 진실한 리더들은 정보를 공유하며, 열려진 토론을 장려하고, 그들의 이상과 부합하도록 힘쓴다. 그 결과 부하직원들은 그러한 리더들에게 매우 높은 몰입을 하게 된다.

이러한 개념은 새로운 것이라서 진실한 리더십에 관한 연구는 그리 많지 않다. 그럼에도 불구하고 이 이론은 리더의 도덕적인 자질에 대해 집중하기 때문에 리더십에서 도덕과 신뢰를 생각하는 한 방법으로 향후 많은 연구가 요구되는 분야이기도 하다. 변혁적이거나 카리스마적인 리더들은 비전을 가지고 설득력 있게 표현하지만, 가끔 그 비전은 잘못된 것일 수도 있다(히틀러의 경우처럼).

리더 행동의 진실성 여부가 조직사회에 주는 영향력은 실로 크다. 우리는 위기와 극심한 혼란의 시대에 나타난 훌륭한 리더들이 사회공동체의 번

영을 이룩함으로써 역사 속에서 모든 사람들로부터 존경 받는 인물들을 잘 알고 있다. 간디, 처칠, 이순신, 세종대왕 등과 같은 위인들이 그 좋은 본보기이다. 그들은 모두가 그 시대의 난제들을 해결하고 공동체의 발전과 행복을 위해 훌륭한 진실 리더십을 펼쳤다. 한편 진실하지 못한 지도자들(히틀러, 스탈린, 후세인 등)은 그 시대의 위기상황을 이용하여 오히려 조직사회를 파괴시키기도 했다. 그런데 기업에서 최고경영자들의 비윤리적 경영이 기업 자체는 물론 종국에는 국가사회 전체에 큰 낭패를 초래하는 사례도 많이 보아왔다. 2000년대 초반, 에너지 거대기업 엔론사(Enron)를 비롯한 아서앤더슨사(Arthur Andeerson), 월드콤사(World Com), K 마트(K-Mart) 등 미국 기업들의 회계부정 사건이 그것이다. 진실 리더십(authentic leadership)은 그러한 미국의 거대 기업들의 비윤리적 문제가 조직사회에 큰 파장을 일으킴에 따라 학계와 현장에서 최근 많은 관심을 받고 있다 (Avolio, Luthans, & Walumbwa, 2004).

리더 행동의 진실성 여부가 부하의 내재적 동기부여를 촉진시켜 성공적인 조직으로 이끄는 근원적인 요소가 된다. 이는 리더가 부하에게 보여주는 여러 가지 행동들이 매우 빠르게 노출되고 있어 거짓 없는 리더의 진실한 행동이 부하를 크게 지각케 하는 중요한 영향력의 원천이 될 수 있기 때문이다. 진실 리더십은 "긍정심리와 긍정조직상황에서 나타나는 것으로 리더와 그 동료들이 더 큰 자아인식과 자기규제적인 행동을 이뤄가면서 긍정적 자아가 개발되도록 하는 과정"(Luthans & Avolio, 2003)이다.

도덕과 리더십

최근에 들어서야 연구자들은 도덕적인 면을 리더십에 적용시키는 것을 고려하기 시작하였다. 왜 지금인가? 한 가지 분명한 이유는 도덕에 대한 관심이 증가된 데 있다고 할 수 있다. 다른 이유는 과거의 많은 리더들이 - 마틴루터 킹, 케네디 등 - 자신의 도덕적인 단점으로 인해 고난을 겪었기 때문이다.

도덕과 리더십은 여러 면에서 연관이 있다. 변혁적 리더들은 부하직원들의 태도와 행동을 바꾸고자 할 때 도덕적인 면을 부각시키는 것으로 알려져 있다. 카리스마 역시 도덕적인 요소를 가지고 있다. 비도덕적인 리더들은 자신의 카리스마를 이용하여 부하직원들 위에 군림하려고 하지만, 궁극적으로는 자기착각으로 끝나고 만다. 도덕적인 리더는 다른 사람들을 섬기기 위해 사회적으로 건설적인 방향으로 카리스마를 사용한다. 부하직원들을 공정하게 대하는, 특히 정직하게 정확한 정보를 제공하는 리더들은 매우 효과적이다. 최고경영자들이 조직의 도덕적인 분위기를 조성하기 위해서는 그들이 높은 도덕 표준을 정하고 그들 스스로의 행동을 통해 그 표준을 모범적으로 지키는 한편, 구성원들의 높은 도덕성에 대해 보상하고 격려하여야 한다.

리더십은 가치(value)로부터 자유롭지 않다. 리더십의 효과성을 측정하기 위해 우리는 리더가 사용하는 업무성취라는 의미와 그 목표를 구성하고 있는 요소들에 대해 생각해볼 필요가 있다. 많은 연구자들은 도덕과 카리스마적 리더십을 사회화된 카리스마 리더십-도덕적 행동을 모범적으로 보이는 리더에 의해 중요한 가치를 전달하려는 리더십-이라는 진보된 아이디어를 이용하여 통합시키려고 노력한다. 사회화된 카리스마 리더십은 리더의 말과 행동을 통해 직원들의 가치를 그들 자체의 가치와 일치시킬 수 있다

청암은 구성원들로 하여금 회사나 이해관계자와 약속한 규범과 규칙을 반드시 지키게 하는 작은 일에 윤리경영의 근간을 두었다. 무엇보다도 그는

외부의 어떤 부정한 유혹에도 굴하지 않고 자신이 먼저 기본과 원칙의 정도를 철저히 지키는 도덕적 행동의 모범을 일관성 있게 유지하였다. 이것은 구성원들의 마음의 뿌리를 움직이게 하여 직무소명의식을 강화시키고 신뢰관계를 형성하게 하는 매우 중요한 포인트가 될 수 있다.

신뢰와 리더십

신뢰는 리더십과 관련된 중요한 요소 중의 하나이다. 신뢰를 깨는 것은 조직의 업무 성취에 매우 부정적인 영향을 미칠 수 있다. 한 연구자는 "리더의 업무 중 한 부분은 직원들과 함께 문제를 발견하고 해결하는 것이며, 앞으로도 그럴 것이다. 그러나 리더들이 문제를 해결하기 위한 지식을 얻고 창의적인 생각을 얻는 정도는 직원들이 리더를 얼마만큼 신뢰하는지에 달려 있다. 신뢰와 신뢰할 만한 가치는 리더가 지식과 협력을 얻을 수 있는 정도를 조절한다."라고 말한다.

리더를 신뢰하는 부하직원들은 리더의 행동을 믿고 따르며, 그들의 권리와 이익이 침해되지 않을 것이라는 것에 자신감을 갖고 있다. 변혁적 리더들은 그들이 목적하는 것이 모든 사람들을 위한 최고의 선택이라고 주장하며, 그들의 아이디어에 대한 지지를 이끌어낸다.

어떻게 신뢰가 형성되는가?

신뢰는 단지 리더에 관한 문제만은 아니다. 부하직원들의 성격 특성도 신뢰를 형성하는 데 많은 영향을 미친다. 성격의 어떤 주요 특성들이 부하직원들로 하여금 리더들을 신뢰해도 된다는 것을 믿게 하는 것일까? 다음의 세 가지 요인에서 그 답을 찾을 수 있다.

청렴성(integrity)은 정직함과 올바른 것을 말한다. 다른 사람이 신뢰할 만한 가치를 평가하는 세 가지 요소 중에 가장 중요한 요소인 것 같다. 570명의 사무직 사람들에게 28가지의 주요 리더십과 관련된 리스트를 주었을 때, 그들은 정직성을 가장 중요하게 꼽았다. 청렴성은 또한 말한 것과 행동하는 것과의 일치를 뜻한다. "어떤 것도 경영자들이 말로 한 것과 실제로 그들 부하직원들이 하도록 기대하는 것과의 불일치만큼 재빨리 감지되는 것은 없다."

친절(인정)이란 신뢰를 받는 사람이 부하직원들의 관심사 일부가 아니더라도 그들의 마음속에 진정으로 품는 것을 뜻한다. 보살핌과 지지해주는 행동이 리더와 부하직원들 사이의 감정적인 결속을 가져온다.

능력은 개개인의 기술적인 부분과 대인관계와 관련된 지식, 기술 등을 모두 포함한다. 비록 높은 도덕적인 원칙을 가지고 세계에서 가장 선한 의도를 가진 사람이더라도 리더의 업무수행 능력에 대해 믿을 수 없다면, 부하직원들은 리더가 긍정적인 결과를 가져다 줄 것이라고 신뢰할 수 없을 것이다.

신뢰의 결과는 무엇인가?

상사와 부하직원들 간의 신뢰는 부하직원들의 긍정적인 성과와 관련이 있다. 여기서는 연구자들이 가장 중요하다고 생각하는 몇 가지를 살펴보자.

신뢰는 업무수행을 격려한다

부하직원들이 평상시 일하는 방법에서 벗어나거나, 새로운 방향에 대한 상사의 말을 받아들이기로 결정할 때마다 그들은 위험을 감수하는 것이다. 이러한 과정에서 신뢰하는 관계가 위험을 감수하고 업무를 추진할 수 있게 하는 촉매제가 된다.

신뢰는 정보공유를 촉진한다

직원들이 직장에서 자기 관심사를 표현하는 데 실패하는 이유는 그들의 의견을 내는 것이 심리적으로 안전하다고 느끼지 않기 때문이다. 관리자들이 직원들의 아이디어를 공정하게 듣는다는 것을 보여주고, 그들이 적극적으로 변화를 만드는 데 관심이 있다는 것을 보여줄 때, 직원들은 보다 자발적으로 의견을 얘기할 것이다.

신뢰하는 그룹이 더 효과적이다

리더가 그룹에 서로를 신뢰하는 분위기를 형성시켰을 때, 멤버들은 서로를 도우며 더 많은 노력을 기울일 것이고, 이것이 추가적으로 서로 간의 신뢰를 높일 것이다. 반대로 신뢰하지 않는 그룹의 멤버들은 서로 간의 의심이 많고, 지속적으로 서로를 착취하는 것에 대해 방어적이며, 서로 간의 대화를 제한할 것이다. 이 모든 행동은 신뢰의 기반을 약화시키고 마침내는 그룹을 파괴할 것이다.

신뢰는 생산성을 높인다

회사의 가장 기본적인 관심사도 신뢰에 의해 긍정적으로 영향을 받는다. 그들의 관리자를 신뢰하는 직원들은 높은 업무성취를 경험하게 된다. 불신은 멤버 간의 서로 다른 점에 초점을 맞추도록 하고, 공동의 목표를 가시화하는 것을 어렵게 한다. 직원들은 정보를 감추고 자신의 관심사만을 비밀리에 추구할 것이다. 불신하는 분위기는 비생산적인 형태의 갈등을 일으키며, 협력을 지연시킨다.

역사 안에서

브로커와 전쟁

1970년 여름에 박태준은 막강한 국제적 설비 브로커들의 압력과 공작에 맞서고 있었다. 음식 있는 창고를 쥐가 노리고 생선 있는 창고를 고양이가 노리듯, 거대한 설비구매가 있는 곳에는 정치적 거간꾼만 아니라 브로커들이 따라붙었다.

첫 번째는 일본기술단의 아리가 단장을 밀어내려는 사건. 1억 달러가 넘는 설비구매에서 가장 중요한 역할을 담당한 아리가는, 포스코의 장래를 소규모로 예측했지만 박태준의 의지를 고스란히 따르는 양심적 인물이었다. 그가 버티는 한 국제 브로커의 입김은 먹힐 수 없었다. 이를 간파한 국제 브로커 E는 일본 철강업계에 손을 넣어 아리가를 제거하려는 농간을 부렸다. 박태준은 즉각 반격에 나섰다. E와 원수를 맺는 한이 있더라도 '조상의 혈세'를 브로커 손에 넘겨 줄 수야 없었다. 그는 신일본제철 이나야마 사장과 만나 모든 내막을 솔직히 들려줬다. 아나야마는 아리가를 그대로 신임했다.

두 번째는 E보다 훨씬 영향력이 센 Y의 개입. 열연공장 설비를 계약하려고 저울처럼 긴장하고 있는 박태준에게 Y가 개입한다는 소식이 들려왔다. 한일관계에서도 상당한 막후 역할을 해온 것으로 알려진 Y는 일본에서도 '소화시대의 최대 괴물'로 꼽히는 골칫덩어리였다. Y의 요구는 간단하고 명료했다. '나'라는 인물을 보면 알 것이니, 모든 설비를 '나'를 경유하여 구매하라는 것. 박태준은 '괴물'을 상대하는 최고 비책은 그 앞에서 눈썹 하나 까딱하지 않는 '더 무서운 괴물'로 맞서는 것이라 판단했다. Y의 요구를 듣고 나타난 심부름꾼에게 그는 의연히 타일렀다.

"나는 내 나라를 위해 취해야 할 올바른 방도를 취할 뿐이오. 이는 일본을 위해서도 좋은 일이라고 생각하기에 내 방법을 그대로 밀고 나가겠소."

괴물을 물리칠 부적도 품고 있었다. 박정희의 '종이마패'. 그러나 수고스럽게 꺼내진 않았다. 박태준이 설비구매를 둘러싼 각종 압력을 물리친 것은, 뒷날 회사의 효율적인 설비구매 전통을 수립하는 본보기가 되었고 저렴한 공장건설과 성공적 조업의 밑거름이 되었다.

정치자금

힘겨운 선거를 내다보는 독재 권력은 가장 손쉬운 방법으로 '관권'과 '금권'의 동원을 떠올렸다. 돈의 위력으로 표 모으기를 획책하는 선거운동 핵심부는 마땅히 돈이 들어올 여러 파이프라인을 만들어야 했다.

사방을 두리번거리는 공화당 재정위원장의 눈은 어마어마한 자금으로 한창 설비를 구매하고 있는 포스코를 '가장 든든한 파이프라인'으로 찍었을 것이다. 그는 박태준의 방문을 두드렸다. 즉시 삐딱한 반응이 나오자 아예 방문을 쾅쾅 두들겼다. 대통령 선거의 계절, 박태준에겐 '정치적 곤경'이 들이닥치고 있었다.

몇 해 전 부총리 장기영과 박태준의 싸움을 말렸던 김성곤. 공교롭게도 이번엔 그에게 악역이 배정되었다. 공화당 재정위원장이었던 것이다. 그는 박태준을 자기 집으로 불렀다. 거실에는 여러 사람이 차례를 기다리고 있었다. 모두 여당 정치헌금을 내려고 초대받은 사람들이었다. 재정위원장의 가장 중요한 역할은 정치자금을 충분히 확보하는 것. 박태준도 그쯤이야 알고 있었다.

박태준와 김성곤은 가벼운 인사를 주고받았다. 주인이 본론을 꺼냈다.

"다가오는 선거를 생각해서 박 사장께서도 정치자금을 내주셨으면 고맙겠습니다. 다음 달 도쿄에서 포철의 설비입찰이 있다고 들었는데, 마루베니로 낙찰해주세요. 무슨 말인지 알겠지요?"

손님이 얼굴을 찌푸렸다. 주인은 짐짓 웃음 지었다.

"이것이 다가오는 대통령선거에서 우리 당을 돕는 일입니다."

"포철은 어떤 정치자금 조성에도 관여하지 말라는 각하의 특별당부가 있었습니다. 포철이 정치헌금 때문에 제대로 완공되지 못하면, 그때 가서 책임은 누가 지는 겁니까?"

주인의 눈가에 깊은 주름살이 생겼다.

"박 사장님, 자신과 회사를 생각해서라도 마루베니를 도와주세요."

"자격을 갖춘 응찰자 가운데 최저입찰자를 선정하는 것이 우리 회사의 방침입니다. 마루베니가 최저입찰자라면 당연히 낙찰되겠지요."

둘은 헤어졌다. 마루베니는 선정되지 않았다. 박태준은 다시 악역을 맡은 이에게 불려갔다.

"다음 입찰에서는 꼭 마루베니를 도와주세요."

"마루베니의 입찰가는 최저입찰가보다 무려 20퍼센트나 높았습니다. 내가 특정회사에게 특혜를 줄 방법은 없습니다. 그런 식으로 하다가는 지금의 빠듯한 예산으로 포철을 제대로 완공할 수 없습니다."

"내가 모르는 바 아닙니다. 각하가 선거에서 이기셔야만 나라도 발전하고 우리도 제자리를 지킬 수 있는 게 아니겠습니까? 그러니 다음에는 무조건 마루베니를 밀어주세요."

그러나 마루베니는 번번이 입찰에서 떨어졌다. '20퍼센트'라는 정치자금을 더 얹었으니 그쪽으로 떨어질 국물조차 없었다. 그때마다 박태준은 같은 장소로 불려가야 했다. 무려 다섯 번이나 마루베니에 특혜를 주라는 압력을 받았다. 박태준은 결코 소신을 굽히지 않았다. 포철 1기의 설비 입찰이 모두 끝났을 때 두 사람은 또 마주앉아야 했다.

"결국 한 번도 마루베니를 배려하지 않았더군요. 내 이익을 위해 정치자금을 모으는 것이 아니잖소? 지난 1년 반 동안 내가 그렇게 부탁했는데도 끝까지 우리와 당을 도와주지 않았소. 소통령이라도 된다는 거요?"

"그런 별명을 붙이시려거든 소통령보다는 차라리 중통령이라고 불러주시오."

박태준은 부드럽게 김성곤의 말을 받아넘겼다.

김성곤과의 긴 씨름에서 이긴 뒤 박태준은 '소통령'이란 소리를 몇 번 더 들었다. 국회에 불려나갔다가 "저기 소통령 가시네." 하는 소리를 손가락질과 함께 표창처럼 맞곤 했다. 그러나 돌아보지 않았다. '소통령'은 훈장이었다. '모든 정치자금'을 철저히 배격하고 '최저비용의 최고구매'라는 설비구매 원칙을 관철한 것이, 포스코 성공을 담보한 주요 요인이었기 때문이다. 박태준이 '소통령'이 되지 않았다면 포스코는 걸음마부터 휘청거려야 했다.

박태준은 제강공장 건설현장에 차를 세웠다. 기초공사가 마무리 단계에 접어들고 있었다. 포스코가 세우는 모든 공장의 기초공사가 다 그렇지만, 수백 톤의 설비를 천장에 매달아 움직이게 하는 제강공장 기초공사에선 강철 파일을 두들겨 땅속으로 박는 작업부터 제대로 해야 후환을 막을 수 있다. 파일 항타의 작업순서는 간단했다. 먼저 지하 20~50미터의 암반에 닿기까지 파일을 용접으로 잇대어야 한다. 대나무처럼 빽빽하게 들어선 파일들의 길이는 끝이 닿는 지점의 깊이에 따라 들쭉날쭉 할 수밖에 없으므로, 지상에 남은 일정 길이 이상의 자투리는 잘라낸다. 키를 통일한 모든 파일 속에 콘크리트를 쏟아 붓는다. 제대로 박히지 않은 파일이 있으면, 다시 말해 '부실공사'가 있으면 쏟아져 들어오는 콘크리트 무게부터 견디지 못해 슬며시 기울어질 수밖에 없다.

제강공장의 파일에 콘크리트를 먹이는 날, 그것이 포스코의 미래를 위한 무슨 천우신조였는지 몰라도, 박태준은 지휘봉을 들고 마침 높다란 철 구조물 위에서 우연히 그 작업을 지켜보았다. 그런데 묘한 현상이 벌어졌다. 레미콘트럭이 쏟아내는 콘크리트를 받아먹은 땅속의 강철 파일들이 슬며시 한쪽으로 기울지 않는가. 순간 그의 동공에 불꽃이 튀었다.

박태준은 즉각 공사를 중단시키고 불도저를 불러오게 했다. 가까운 다른 현장에 있던 중장비가 꾸물꾸물 달려오는 사이 어느덧 비상이 걸려 간부들이 모여들었다.

"밀어봐."

불도저가 비스듬히 기운 파일을 건드리자 맥없이 쓰러졌다. 옆의

똑바로 서 있는 파일도 건드려보았다. 역시 맥없이 쓰러졌다. 더욱 경악할 노릇은 파일 길이를 맞추느라 잘라낸 자투리를 아예 모래밭에다 나무처럼 꽂아둔 것도 있었다. 있을 수 없는, 도저히 있어서는 안 되는 장면에서 박태준은 또 한 번 인격을 헌옷처럼 벗어던져야 했다.

"책임자 나왓!"

책임자는 일본 설비회사의 하청을 받은 한국 건설회사 소장이었다. 박태준은 지휘봉으로 그의 안전모를 내리쳤다. 단번에 지휘봉이 두 토막 났다. 나무로 된 연결부위가 부러진 것이다.

"이 새끼 이거, 너는 민족 반역자야. 조상의 혈세로 짓는 공장에서, 야 이 새끼야, 저게 파일로 보이나? 저건 담배꽁초야, 담배꽁초! 천장의 전로에서 쇳물이 엎질러지면 밑에서 일하는 동료가 타죽거나 치명적 화상을 입는 거야. 그래서 부실공사는 곧 적대행위야!"

비서가 건네준 두 번째 지휘봉이 부실공사 책임자의 안전모 위에서 또 부러졌다. 그가 꿇어앉았다.

"여기, 일본회사 책임자 찾아와!"

최종 책임자는 일본 설비회사의 현장감독이었다. 그가 하청회사에 대한 공사감독을 맡도록 계약되어 있었다. 일단 소낙비는 피하려 했던 일본인 감독이 포스코 사장 앞에 죄인처럼 불려나왔다. 박태준은 일본어로 사정없이 퍼부었다.

"이 나쁜 놈아, 너희 나라 공사도 이런 식으로 감독하나! 우리가 어떤 각오로 제철소를 짓고 있는지 몰라! 이 나쁜 놈아!"

박태준의 세 번째 지휘봉이 일본인 감독의 안전모를 후려쳤다. 이번에도 그것은 단번에 부러졌고, 얻어맞은 사람이 그 충격에 무너지듯 그대로 털썩 꿇어앉았다.

"죽을죄를 지었습니다. 정말 잘못했습니다."

큰 과오를 솔직히 인정하고 진실로 사죄하려는 일본인 남성 특유의 자세와 목소리였다.

비로소 박태준의 분노는 한풀 꺾였다. 현장엔 잠시 바람이 죽어 있었다. 말소리도 숨소리도 덩달아 죽어 있었다. 이제 곧 바람과 함께 말소리와 숨소리가 살아나면, 제강공장의 '꽁초 사건'은 바람을 타고 아주 빠르게 모든 현장으로 빠짐없이 번져나갈 것이다. '과연 무서운 소대장'이란 말도 다시 퍼질 것이다.

"현장에 나오면 나는 사장이 아니라 전쟁터의 소대장이다. 전쟁터의 소대장에겐 인격이 없다."

박태준은 평소에 이렇게 강조해왔다. 부실공사를 막고 안전제일의 생활화를 위해 현장에선 자신의 인격을 버리겠다는 선언이었다. 욕도 하고 지휘봉도 쓰고 경우에 따라서는 발까지 쓰겠다는 선언이었다. 1970년대 한국의 건설업 수준에서 지휘자가 고매한 인격을 지키고자 매달린다면, 자신의 인격을 지키는 대신 국가대업을 망칠 수밖에 없다고 그는 확신하고 있었다.

1972년 6월 8일 포스코는 '포항 2기 설비추진본부'를 설립했다. 영일만으로 여름이 건너오고 있었다. 비상체제로 공기지연의 난관을 돌파했던 열연공장은 어느덧 준공일이 가까웠다. '부실공사는 적대행위'라며 현장에 나타날 때마다 눈에 불을 켜는 박태준은 그날따라 기초공사에서 큰 말썽을 일으킨 제강공장 현장을 찾았다. 한창 철구조물 공사가 진행되고 있었다. 솔선수범이 몸에 익은 그는 90미터 높이의 제강공장 지붕으로 올라갔다.

주먹만 한 대형 볼트로 육중한 철 구조물을 연결하는 작업에는 볼트를 확실히 조이는 일이 가장 중요하다. 그게 안 되면 대형사고의 씨앗을 뿌리는 격이다. 수백 톤씩 나가는 장비들의 반복운동을 견디지 못한 철 구조물이 예고도 없이 갑자기 무너져 내릴 수 있기 때문이다. 그래서 대형 볼트는 작업자의 눈으로 조임 상태를 확인할 수 있다. 제대로 조여진 것은 머리 부분이 말끔히 떨어져 나가고, 허술하게 조여졌거나 오차가 생긴 것은 머리 부분이 지저분하게 남는다.

문득 박태준이 걸음을 멈췄다. 철 구조물에 남은 '볼트의 지저분한 머리'가 눈에 띄었다. 자세히 보니 한두 군데가 아니었다. 아찔했다. 자신의 몸이 까마득한 땅바닥으로 추락하는 것 같았다.

시찰을 중단하고 사무실로 돌아와 간부들을 집합시켜 불호령을 내렸다.

"지금 즉시 모든 볼트 하나도 남김 없이 일일이 확인하라! 잘못 조인 볼트는 머리에 흰 분필로 표시하라! 서울사무소에 연락해서 시공회사의 책임자를 즉각 현장으로 내려오게 하라!"

무려 24만 개의 대형볼트. 그 중 약 400개에 흰 분필이 칠해졌다. 그것은 모조리 교체되었다. 눈여겨보지 않았으면 언젠가 제강공장에 '붕괴사고'가 일어날 수도 있었다. 직원들 사이에 '섬뜩할 만큼 예리한 육감을 지닌 사람', '남의 눈엔 멀쩡해 보이는 것에서 문제점을 발견하는 비정상의 눈을 가진 사람'으로 불리게 되는 박태준. 그의 아주 특별한 감각은, 부실공사를 추방하여 포철의 미래에 느닷없이 덤벼들 큰 우환을 막아내는 예방주사 같았다.

공감과 소통

1968년 가을. 거대한 제철소를 세우는 과정에서 순박한 사람들의 둥지가 철거되는 아픔이 많았다. 살던 터전을 상실하고 뿔뿔이 흩어지는 서러움에 어찌 원망이 없었으랴. 갑자기 고향을 잃은 사람들은 나라에서 추진하는 일에 당황스러워 했다. 그때 그 마을에서 초등학교 4학년이었던, 뒷날에 평전 『박태준』(2004년 초판 인쇄)을 집필하게 되는 이대환 작가는 고향마을을 떠난 당시를 이렇게 말했다.

"어른들이 낡은 트럭에 남루한 이삿짐을 싣는 즈음, 마을에는 '제선공장', '제강공장', '열연공장' 이라는 깃발들이 나부끼고 있었습니다. 저게 뭐지? 저는 그저 시큰둥하게 허공의 그것들을 노려보았습니다."

포스코와 관계된 철거에는 일화들이 생겨났다. 박태준은 예수성심시녀회의 수도원도 무척 가슴 아프게 기억했다.

"당시 수녀원엔 180명의 수녀가 500명 넘는 전쟁고아와 무의탁 노인을 돌보고 있었다. 철거에 늑장을 부리던 일부 주민은 수녀원의 눈치를 보고 있었다. 수녀원이 반대하면 자신들도 버틸 수 있겠다는 계산이었다." 《중앙일보》 2004. 10. 9

고아원으로는 세계 최대 규모였고, 수녀원으로서도 큰 규모였다. 그러나 포스코는 그 숭고한 공간을 철거해야만 했다.
"이주를 해주십시오."
이 통보가 신부와 수녀들이 귀에는 청천벽력과 같았다. 1950년부터 차근차근 어렵게 일군 둥지와 터전을 버린 채 대식구를 이끌고 어디로 간단 말인가. 그 둥지와 그 터전을 손수 마련하고 가꿔온 길 신부는 수녀원과 보육시설과 성당을 보전하기 위해 자신의 모든 능력을 동원하기로 했다.

길 신부는 프랑스에서 한국으로 귀화하여 선교활동과 봉사활동에 헌신해온 특별한 성직자였다. 그는 청와대로 진정서를 보내고, 주한 프랑스 대사관에도 호소했다. 수녀원 측의 반발이 거세지자 부지조성 공사는 꼬이고 있었다. 박태준은 수녀원으로 직접 찾아가 길 신부와 원장수녀를 만났다. 그의 마음에는 진심 어린 설득과 호소가 고여 있었다.

먼저 그는 종합제철소 건립의 의의와 필요성을 설명했다. 그리고 빈곤에서 벗어나려는 박정희 대통령의 의지와 집념이 제철소에 결집돼 있으며 자신은 기필코 그 사명을 완수하여 잘 사는 나라의 토대를 만들 것이라고 역설했다. 현재 한국에서 최대의 복지는 절대 빈곤을 벗어나는 것이고 그러기 위해서는 꼭 제철소를 지어야 한다고 간곡히 설득했다. 이주 문제에도 성의를 다하겠다고 약속했다.

박태준의 진심이 통했던 것일까. 성직자 대표들이 고개를 끄덕였다. 다른 수녀들이 미처 받아들이지 못하자 길 신부와 원장 수녀는 나라에서 하는 일에 따라야 한다고 다독거렸다. 18년의 정든 건물들을 폭파할 때, 그 도화선에 직접 불을 붙인 사람은 길 신부였다. 이후 불도저가 고아들의 둥지와 성당을 밀어냈다.

뇌물 거부

박태준에게 '포항공대 교수'를 바라는 인사 청탁이 들어왔다. 상대는 매정하게 거절하기 어려운 사람이었다. 그는 아무런 설명을 달지 않고 이력서만 김호길 총장에게 넘겼다. 곧 반려되었다. '점수 미달'이란 딱지를 달고서. 포스코의 설비구매 방식에 비유하자면, 입찰 경쟁에서 탈락한 셈이다. 박태준은 기분이 좋았다. 인사 청탁을 거절할 좋은 부적이 생긴 거나 마찬가지였다. 이후로도 여러 건이 들어왔지만, 박태준은 번번이 똑같이 답했다.

"우리 총장은 내 말도 안 듣는 사람이오, 학교로 이력서를 내보세요."

주식

1988년 6월 10일 포스코 주식의 국민주 발행이 국민의 즐거운 참여로 마무리된 일이었다. 정부와의 대결을 감내하며 포스코 주식 장외매각을 저지한 1987년 봄 이후로 포스코 주식의 국민주 발행은 투명한 절차를 밟아왔다. '특정재벌이나 개인이 포항제철의 주식을 1퍼센트 이상 소유할 수 없으며, 외국인의 주식취득을 금지하고 기업 공개 시 종업원에 대한 주식 배당을 20퍼센트까지 허용한다'는 것이 법적 근거로, 이는 그해 10월 국회를 통과했다. 이에 따라 정부는 '국민주 보급방안'을 발표하고 포스코를 공개대상 기업 제1호로 지정했다. '세계 철강업계에서 가장 신용도 높은 우량기업의 국제적 공신력과 신뢰도를 지속적으로 유지시키며, 국가기간산업을 특정인이나 특정기업의 소유가 아닌 국민적 기업으로 유지시킨다'는 취지였다. 3월 24일 청약공고, 포철 창립 20주년인 4월 1일부터 11일 동안 청약개시, 6월 10일 주권교부 및 상장.

6월 11일 우리나라 신문들은 '포철주'로 경제면을 도배했다. '포철주 첫날부터 돌풍', '국민주 시대 열렸다', '포철주 쇼크 증시 강타', '포철주 열풍에 시은주 둥실', …. 시중은행의 주식에도 활력을 불어넣은 포철주식은 기업공개 당시에 '정부 20퍼센트, 산업은행 15퍼센트, 시중은행 및 대한중석 27.7퍼센트, 우리사주조합 10퍼센트, 국민주 27.3퍼센트'의 지배구조를 지니고 있었다. 정부가 행사할 권리는 최소로 잡아도 35퍼센트로, 포스코는 국민주 발행과 주식공개를 통해 공기업에서 국민기업으로 변신했지만 여전히 정부가 최고경영자의 인사권을 거머쥔 지배구조에 머물렀다. 그리고 포스코 최고경영자 박태준은 단 한 주의 공모주에도 손대지 않았으며 단 한 주의 공로주도 받지 않았다. 그가 그 문제에 침묵하니 모든 임원도 함구했다.

1988년 6월 10일 포스코 사원 1만9천419명이 배당받은 주식은 발행주식 전체의 10퍼센트인 917만8천914주였다. 포스코 창립 36주년을 앞둔 2004년 3월 2일 주식시장에서 포스코 주식은 한 주에 18만1천 원으로 마감되었다. 1988년 6월에 포스코 최고경영자와 임원들이 10퍼센트의 공모주를 챙겼다면, 아니 그때 박태준이 '개인은 1퍼센트 이상을 소유할 수 없다'는 규정을 준수하여 0.9퍼센트의 공로주를 받았다면, 그의 사유재산은 2004년 3월 2일 주가로만 약 1천500억 원이었을 것이다. 0.1퍼센트만 받았더라도 165억 원이다. 아무리 무섭게 에누리해도 포스코에 대한 박태준의 공로가 최소한 1퍼센트는 넘지 않겠는가? 하다못해 0.1퍼센트야 채우지 않겠는가? 그러나 박태준의 신념은 확고했다.

"포철에는 환금가치로 셈할 수 없는 인간의 영혼이 깃들어 있다."

이것이 늙은 그의 가슴엔 '창업과 초창기 동지들'에 대한 미안함으로 고이게 되지만….

폭발적인 노동운동은 영일만과 광양만에도 일정한 영향력을 미쳤다. 포스코의 울타리 안에서 느끼는 강도는 진원지에서 다소 떨어진 여진의 수준이었다. 그만한 안정감을 유지하는 요인은 크게 두 가지였다.

하나는 그때의 다른 기업들과 비교해 임금이 뒤지지 않고 복지후생의 수준이 훨씬 높다는 것. 창업 초창기부터 '주택단지 학교단지 장학제도'의 모델을 추구해 온 최고경영자의 철학이 특별히 어려운 시기에 힘을 발휘하고 있었다. 또 하나는 국가 기간산업체에 근무하고 있다는 포스코 직원들의 책임의식과 제철공장의 특수성에 대한 인식. 제철공장의 특수성은 자동차공장과 비교할 수 있다. 자동차공장의 총파업과 제철공장의 총파업은 엄청나게 다르다. 자동차공장은 세웠던 라인을 기동하면 쉽게 정상조업에 도달할 수 있지만, 제철공장은 못쓰게 된 용광로를 통째로 갈아치워야 하는 파국을 맞는다. 그래도 박태준은 1만9천여 포스코 가족에게 편지를 띄웠다. 포스코 정신과 국가기간산업으로서의 포스코의 사명을 새삼 일깨우는 사연이었다.

청암의 도덕적 원칙과 진실함이 없었다면 그 밑의 직원들은 함께 희생하거나 함께 밤을 새우며 포스코를 세우지 않았을 것이다. 청암이 보여준 직원들에 대한 신뢰, 직원들이 보여준 청암에 대한 무한한 신뢰, 그리고 국가에 대한 믿음. 이러한 원동력은 무엇이었는지를 생각해 본다.

복습을 위한 질문

1. 진실한 리더십은 무엇인가?

2. 왜 도덕과 신뢰가 리더십에 중요할까?

3. 청암의 리더십을 진실한 리더십 관점에서 설명해 보고 이에 근간이 되는 도덕과 신뢰를 보여준 청암 리더십의 사례를 살펴 본다.

Module 3
사람을 통한 경쟁우위 Competitive Advantage Through People

① 인재육성

학습목표

이 장에서 숙지해야 할 사항
1. 인적자원을 통한 기업의 경쟁우위 확보 개념을 이해한다.
2. 미래를 위한 청암의 인재육성 사례를 학습하고 이해한다.

포항제철소 앞 6차선 도로와 접한 정문에는 영문과 한자로 표기된 기업의 철학이 담긴 하나의 거대한 간판이 걸려 있다. 이는 포항제철소에 들어서려면 가장 먼저 볼 수 있는 문구이다. 포스코를 창업한 청암 박태준 회장의 인간존중 사상과 창조경영 철학을 축약해서 표현한 내용이다. 이 문구는 두 가지 뜻을 내포하고 있다. 하나는 유한한 자원관리에 대한 효율성이 사람의 의하는 창조성의 시대를 맞이하고 있다는 것이고, 다른 하나는 인간의 창조성(creativity)은 누구나 가지고 있는 무궁한 잠재력으로서 이를 어떻게 분출시키느냐가 기업경영의 성패를 좌우하는 원천이 되어야 한다는 뜻이다, 즉 전자는 기업가치 창출에서 핵심요소의 이동성을, 후자는 리더십의 중요성을 강조하는 것이라고 할 수 있다(김창호, 2013).

資源은 有限　創意는 無限
Resources are Limited　　Creativity is Unlimited

　1970년대까지만 해도 경영에서 인적자원관리의 중요성은 그다지 큰 주목을 받지 못하였다. 인적자원관리도 주로 인사관리(personnel management)로 쓰였으며, 그 역할의 범위도 근태, 세금 등 각종 인사관련 행정업무에 주안점을 두고 있었다. 그러나 1980년대 기업의 성장에서 사람의 역량(competency)이 핵심요소라는 사실이 실증적 사례를 통해 입증되기 시작함에 따라 조직 성공의 성패에 대한 인적자원관리의 중요성을 인식하게 되었다.

　아이비엠사(IBM)는 1979년에 파산된 것으로 간주되었으나 1982년에는 최상의 전성기를, 그리고 1986년에는 또다시 쇠퇴기를 맞았다. 피플스익스프레스사(People's Express)는 항공수송 분야에서 성장 일로를 달리는 대표적 기업이었지만 24개월 만에 사라졌다. 이제 경쟁 상대에 대한 확고한 우위란 존재하지 않으며 그 어떤 기업도 안전하지 않다.

　이러한 경영환경을 고려하여 여러 연구자들은 성공하는 기업의 특징을 파악하려고 부단히 노력하였다. 그 대표적인 예가 1982년 출간되어 세계적 베스트셀러가 된 『초우량 기업의 조건(In Search of Excellent)』(더난출판, 2005)이라는 책이다. 톰 피터스(Tom Peters)와 로버트 워터만(Robert Waterman)은 미국의 대표적 우량기업을 조사하고 그 성공 배경을 8가지로 정리하여 다음과 같이 제시하였다.

미국 우량기업의 특징

1. 행동 지향성(Bias for action)

2. 고객과의 밀착(Close to customers)

3. 자율성과 기업가정신(Autonomy and entrepreneurship)

4. 인간을 통한 생산성(Productivity through people)

5. 실제적인 현장위주 가치지향(Hands-on, value-driven)

6. 본업에 대한 집착(Stick to the knitting)

7. 단순한 조직형태와 작은 스태프(Simple form, lean staff)

8. 방임과 통제의 양면성(Simultaneous loose-tight properties)

미국 우량기업의 특징을 보면 인간을 통한 생산성. 자율성과 기업가정신, 행동 지향성, 고객과 밀착 등 대부분의 특징이 효율적 인적자원관리와 깊은 관련이 있음을 알 수 있다.

인적자원관리의 중요성은 이후 짐 콜린스(Jim Collins)의 『성공하는 기업들의 8가지 습관(Built to Last)』(김영사, 1999)과 『좋은 기업을 넘어 위대한 기업으로(Good to Great)』(김영사, 2011)라는 책을 통해 더욱 명확해진다. 짐 콜린스는 이 두 책을 통해 성공하는 기업들의 특징을 '평범한 직원들이 탁월한 성과'를 내고 있다고 주장하면서 인적자원관리가 기업 성장에서 핵심성공요소(key successful factor)라는 것을 명확히 제시하였다.

역사 안에서

인재육성

초기 강압적, 선도적 리더십에 의해 진행되었던 인재육성의 방침으로 인해 구성원들의 역량 수준은 향상되고 있었다. 하지만 청암은 이러한 육성 방식으로는 궁극적으로 본인이 의도하는 역량수준에까지 도달하기가 어렵다는 한계를 깨닫고 있었다. 그는 자주관리에 대해 신앙적 확신이 있음을 자주 언급하였던 바, 자신의 철학과 의지가 제대로 전달되고 실현되기 위해서는 기존의 하향식, 강압적, 선도적 한계를 뛰어넘어야 한다고 판단했던 것이다.

"현재 우리 회사의 자주관리 운동은 어떻게 보면 그 자체가 연소되어서 열이 발생하는 자주관리가 못되고 있고, 외부에서 열을 가해서 추진되고 있는 것이 아닌가 싶습니다, 물론 잘하고 있는 사람들도 있지만 전체적으로 볼 때는 외부의 열로 되는 것이지 그 자체가 연소되고 있지는 못한 것 같습니다."(임원회의, 1981년)

혁신의 분위기 조성에 있어서 실수나 실패에 대한 관용이 중요함에도 당시의 상황은 이러한 여유조차 가질 수 없었다. 그러다 보니 하향식 자주관리보다는 상향식 자주관리가 보다 중시되었고 자주관리 자체가 문화로 자리 잡도록 만드는 노력이 필요했다. 청암은 광양제철소 건설과 함께 전개될 1사2소체계를 앞두고 자주관리

를 자율경영의 관점에서 접근하였으며, 1983년에는 제안제도 활성
화 방안을 추진하여 학습에 기반한 혁신활동을 촉진하고, 분임조 활
동을 독려하여 전사운동으로 전개하였다. 이러한 분임조 활동은 하
나의 조직문화로서 학습과 성장이 내재화되는 역할을 수행했는데,
1977~1980년 사이 분임조의 수는 317개에서 1,353개로 늘어나고
참여율도 27퍼센트에서 68.8퍼센트로 증가하게 된다.

배탈사고, 제철회사의 경험자산

영일만에 '큰 배탈사고'가 일어났다. 연간 300만 톤 쇳물을 생산
할 수 있는 대형용광로인 3고로가 말썽을 일으켰다. 포스코에는 팽
팽한 긴장이 흘렀다. 1고로와 2고로의 용량을 합친 것보다 더 큰 3고
로의 불이 꺼지는 사태가 발생한다면….

고로의 말썽을 '배탈'이라 부릅니다. 300만 톤짜리를 세운다고 했
을 때, 솔직히 겁을 먹었습니다. 우리 기술력에는 아직 너무 과하지
않나 했던 겁니다. 나는 3고로 공장으로 갔습니다. 그런데 겁먹고 있
었던 것을 용케도 고로가 알아차린 것처럼 말썽을 일으키더군요. 음
식을 잘못 먹었는지, 고로가 탈났는지…. 원료에서 잘못되었다면 음
식이 상했다고 볼 수 있지요. 550만 톤 쇳물 공장에서 300만 톤이
문제를 일으켰다. 그걸 돌리는 일선 책임자로서는 대역죄를 저지른
기분이었지요. 꼬박 2주일 동안 거의 뜬눈으로 고로에 층층이 구멍
을 뚫어 확인하는 사투를 벌인 끝에 간신히 배탈을 잡았어요. 회복
에 1주일이 더 필요했고 3주간의 영업 손실은 60~70억원…. 그런데

박 사장께서 '배탈을 경험하고 극복한 기술자들이 제철회사의 자산'이라며 오히려 격려해 주시더군요. 밤샘 작업에 매달려 있었을 때는 '센트룸'이란 미제 비타민을 주셨는데, 그것도 잊혀지지 않는 일입니다. ─강창오(전 포스코 사장).

배탈의 현장에서 잠을 설치는 사원들을 격려한 박태준은 임원회의에서 두 가지를 지적 했다.

"포철이 현재까지 습득한 여러 기술은 개인만 소유했지, 회사 내에 공유하여 축적되어 있진 않소. 우리 기술원들은 데이터를 중시하지 않는 경향이 있고 그저 상식으로 적당히 판단하는 경우도 많아요. 이제부터 이를 시정해 나가시오."

"포항제철은 창의력의 소산이다. 자원과 자본과 기술이 전무한 상태에서 오늘의 포항제철을 있게 한 저력은 '자원은 유한, 창의는 무한'이라는 회사 정문에 게시된 슬로건에 응축되어 있다. 아무것도 없는 우리들이 생존할 수 있는 것은 회사를 이끌고 가는 사람의 능력에 있다고 생각하고 초기부터 인력개발에 주력해 왔던 것이다. 기업은 사람이 하는 것이고 사람만이 창의력을 발휘할 수 있다는 소박한 진리는 내가 가지고 있는 신념이다." (임원 간담회, 1978년)

"인간은 본래부터 규제나 통제를 받기보다는 자율적, 자주적으로 행동하기를 원합니다. 그러나 자율과 자주를 얻기 위해서는 혼자서 능히 행동할 수 있는 능력, 즉 기능과 지식, 체력 및 정신을 갖추어야 합니다. 이러한 자율정신과 자주능력이 결여되어 있을 때는 부득

이 규제와 통제가 가해지고 그 결과 조직이 경직화되는 악순환이 거듭되는 것입니다. 그러므로 이러한 규제와 통제는 일시적인 방편으로만 사용되어야 하는 것이며, 이러한 상황을 해결하는 최선의 방안은 자율정신과 자주능력을 배양하는 길뿐입니다." (기능직 사원연수 특강, 1977년)

청암의 육성 리더십은 그의 인간관과 일치한다. 그는 개인이 몰입할 수 있도록 자율성을 부여해야 하지만, 자율성 자체는 개인의 역량 제고 없이는 불가능하다는 점을 늘 강조했다. 인재육성은 자본, 경험, 기술이 전무한 상태로 창업한 포스코가 차별화할 수 있는 유일한 방법이었으며, 이는 기술식민지 탈피 등과 같은 정서적인 메시지로 전달되곤 하였다. 청암의 인재육성은 주로 최고경영자 주도의 기술혁신 형태로 나타나며 포스텍(포항공대) 설립 이후 산학협력을 통한 연구-생산 생태계 구축 등으로 나타나기도 한다.

청암은 투자금 문제가 해결되지 않는 상황에서도 직원들에게 해외연수의 기회를 제공했다. '투자금 문제가 잘 해결된다'는 확신이 있다기보다는 '투자금을 유치해도 운영 역량이 확보되지 않으면 어렵다'는 그의 믿음 때문이었다. 이미 KISA에서는 포스코가 외부위탁 전문가 및 제강 선진국에 의해 운영되는 것으로 계획을 수립하고 있었고, 해외연수 등을 보낼 수 있는 여유도 별로 없었다. 하지만 그는 기술 자립을 위해 교육과 훈련에 최우선적으로 투자했다.

"당사가 국제사회에서 자립할 수 있는 가장 빠른 지름길은 직원 여러분의 지식과 기술 수준이 하루 속히 세계적 수준을 돌파하는 것에 있습니다. (중략) '세계정상은 사람으로부터'라는 슬로건 아래 직원

개개인이 각 분야의 전문가가 될 때까지 교육을 하고 교육을 시켜 나
갈 것입니다."

이와 같이 청암은 자주관리 달성을 '기술식민 극복' 등 사명감과
연계하여 지속적으로 강조하였다. 구성원의 역량 개발에 큰 관심과
열정을 쏟았고, 조직 차원에서 다양한 지원체계가 만들어졌다. 전체
구성원들 역시 프로그램에 의해 선진 기술에 대한 교육을 받았고, 반
강제적으로 자주관리 분임조 활동에 참가해야 하는 분위기가 형성되
기도 하였다.

생각하기

청암은 직원들의 능력을 발굴하고 발휘하게 하기 위해 여러 가지 목표 달성을 위한 다양한 방법들을 스스로 모색하고 추진하도록 하였다. 인재육성에 대한 책임은 결국 개인에게 있다. 나를 육성하고자 하는 연수와 교육 등에 얼마나 적극적이며 능동적으로 임했는지 반성해보자.

복습을 위한 질문

1. 청암이 갖고 있는 인재에 대한 철학을 리더십 행동이론 관점에서 생각해 보자.
2. 청암의 인재에 대한 철학은 포스코의 성장과 발전에 어떠한 영향을 미쳤는지에 대해 생각해 보자.

많은 경영학자들과 실무 전문가들은 경영관리에 있어서 인적자원관리가 점점 더 중요해지고 있다고 인식하고 있다. 1988, 1992, 1997년 세 차례에 걸쳐 총 2만 명 이상이 참가한 미시건 대학의 '인적자원역량연구(Human Resource Competency Study)'에 의하면(Brockbank, Ulrich, & James, 1997), 1988년 조사에서는 조직의 높은 성과를 나타내는 기업은 인적자원 기능의 전략적 측면과 운용적 측면을 동시에 강조하고 있다고 보고하였다.

인적자원관리에 대한 중요성의 인식은 우연하게 발생된 것은 아니다. 오히려 그 추세는 기업환경의 변화에 부응한 것이다. 국제무역의 비중이 증가함에 따라 국제화된 환경에서 경쟁할 수 있는 기업의 역량은 국제무역을 이해할 수 있는 사람들의 보유, 개인과 기업의 효율성을 측정하고 보상할 수 있는 시스템 유지, 그리고 조직학습을 촉진할 수 있는 문화 등에 크게 의존하게 되었다. 이러한 경영 환경의 변화에 따라 데이브 울리히(Dave Ulrich)는 『Human Resource Champions』(1994)라는 책을 통해 조직 내 인적자원(HR)의 전략적 기능을 강조하였다.

조직 내 HR의 역할을 크게 전략적 파트너(strategic partner), 행정전문가(adminsitrative expert), 직원 지원(employee champion) 그리고 변화관리자(change agent) 등 4가지로 제안하였다.

전략적 파트너는 조직 내 인사부서로서 조직의 전략과 조직 내 비즈니스 프로세스를 이해함으로써 조직의 전략적 의사결정에 필요한 HR 역할을 담당해야 한다고 주장하였다. 예를 들어 기업이 신규공장투자를 하는 경우, 사전에 그 지역에 있는 사람들의 근로의식, 교육수준, 인력수급 전략 등을 포괄적으로 지원해야 한다고 하였다. 특히, 특정 인력을 장기적이고 체계적으로 육성하는 프로그램의 도입 및 운영을 강조하였으며, 대표적인 프로그램인 후계자 육성프로그램(succession planning)이 그 한 예이기도 하다.

행정전문가는 기존 HR의 역할과 크게 다르지 않다. 다만 좀 더 체계적이고 효율적인 업무지원을 요구하는 것이며, 조직은 끊임없이 변혁과 혁신을 하게 되는데 이를 주도하는 프로세스 오너(변화관리자)로서 인사의 역할을 강조하였다.

인적자원관리에 있어서는 선행적(proactive) 관리가 매우 중요하다. 그 이유는 인적자원분야에 있어서 문제가 이미 발생한 이후에 치유 또는 교정하는 데는 상당한 시간과 비용이 들기 때문이다. 더욱 나쁜 것은, 치유 및 교정을 행하더라도 원래의 상태로 만들 수 없다는 것이다.

역사 안에서

멘토의 역할을 한 사보《쇳물》

쇳물보다 먼저《쇳물》이 나오다

열연공장의 건설현장이 '24시간 비상체제'로 돌아가는 1971년 가을, 포철은 '제1기 건설시대'의 한복판으로 진입하고 있었다. 1970년엔 열연공장(10.1.)과 중후판공장(10.31.) 등 겨우 5개를 착공했지만, 1971년엔 제선공장(4.1.)을 필두로 분괴공장(6.1.), 제강공장(7.2.), 코크스공장(8.2.)등 주요 공장 18개를 착공했다. 1971년 상반기 중의 완공을 목표로 동시다발로 진행된 거대한 역사 앞에서 박태준은 두 원칙을 확고히 세웠다. 부실공사 추방과 공기단축.

정보와 정신을 공유하고 일체감과 단결력을 더 높이기 위한 사보(社報)의 필요성도 대두했다. 1971년 4월 포스코는 창립 3주년에 사보《쇳물》창간호를 발행한다.

박태준은 육필로 휘호를 썼다. 짧지만 야무진 집념과 목표가 빛나는 것이었다.

무엇이든지 첫째가 됩시다!

그는 사보의 역할과 기능이 궁극적으로 '과업달성에 선용'되기 위해 '다수 직원의 의견이 응축된 미디어'가 되어야 한다는 기본방향을 제시했다.

초창기 사보는 각 부서 책임자들이 번갈아가며 업무현황과 전문용

어의 풀이를 담았다. 황경노, 안병화, 노중열 등 각 부서 책임자들의 수고가 필요한 일이었다.

외국계약부장 노중열은 '포스코의 계약상대방을 대할 때' 늘 염두에 두는 십계명 같은 원칙을 일러주기도 했다.

언질이나 약속을 하는 경우에는 포스코 내부의 협조를 구한 다음에 확약하도록 할 것.

상대가 상반되어도 상대를 신사적으로 대하고 우호관계를 깨트리지 않도록 할 것.

일단 약속한 것은 불가항력 사태가 발생하지 아니하는 한 포스코는 지킨다는 믿음을

갖도록 할 것. (사보《쇳물》6호)

가치, 기술, 역량

앞서 1981년 6월 제13차 한일민간합동경제위원회에서 신일본제철의 사이토 사장의 '부메랑 이론' 발언을 살펴보았다. 이에 대해 청암은 '미국의 지원으로 일어선 일본 산업이 공교롭게도 미국을 최대의 시장을 삼았던 것'을 지적하며, "세계경제는 정해진 길을 따라 가게 되는 것 아닙니까? 선진국이 먼저 가고, 그 뒤를 중진국이 가고, 후진국은 또 그 뒤를 따라갑니다. 이런 사이클을 반복하면서 세계경제는 성장하는 것입니다"라는 순화론을 주장하였다.

실제로 청암은 일본의 '부메랑 이론'에 대해 반론만 제기한 것이 아니라, 광양제철소의 성공적 완성으로 세계적 경쟁력을 갖추게 되

었을 때인 1980년대 후반 현대적 제철소 건설에 후발주자로 뛰어든 중국 철강업계에 업무 매뉴얼까지 제공하며 본인이 주장한 '순환론'을 몸소 실천하였다. 걱정하는 임직원들에게는 "피할 수 없는 도리이다. 우리는 더 좋은 기술로 더 앞으로 나가야지."라며 격려하였다.

일본을 중심으로 한 해외 기술연수와 사내 훈련을 통한 구성원들의 기술습득 과정이 심화됨에 따라, 청암은 구성원들이 학습한 기술을 현장에 적용, 내재화하도록 유도하였으며, 포철 건설에서 매 단계마다 공기의 지속적인 단축이란 목표를 제시하여, 조직 구성원들이 목표 달성을 위한 다양한 방법들을 스스로 모색하고 추진하도록 하였다.

1기가 건설되는 동안 직원들의 해외연수를 지속적으로 확대하여 구성원들의 기술학습을 지원하였으며, 설비구매의 다변화를 통해 일본뿐만 아니라 다양한 선진국의 기술과 노하우를 체득하였다.

청암은 일본으로 출장을 갈 때마다 제철기술 서적을 구매하여 속독한 후, 여러 묶음으로 분류하여 포항제철의 생산 책임을 맡고 있는 제선, 제강, 열연 부문의 임원들에게 정리된 기술 책자를 넘겨주는 등 구성원들의 기술학습을 지원했다.

포스코의 설비구매 부서에 광양제철소 부지 개량에 대한 견적사양서가 쌓일 때, 박태준은 건설부서의 직원을 일본으로 급파하라는 지시를 내렸다. 8명이 뽑혔다. 그들의 목적은 일본의 연약지반개량 현장을 견학하고 토질시험 방법을 습득하는 데 있었다. 이는 몇 달 뒤와 몇 년 뒤를 내다본 조치였다. 해가 바뀌면 정초부터 광양만 매립부지에서 일본이 개발한 '모래말뚝공법'과 '모래다짐말뚝공법'이 시작될 테니 그때를 대비해 미리 예습을 해두라는 뜻과, 일본기술자들과 훈련하는 과정에서 그 기술을 우리의 것으로 만들기 위한 예비지식을 습득해 두라는 뜻이었다.

광양 1기 종합착공을 열다섯 달쯤 앞둔 이해 가을에 박태준이 착착 진행시킨 두 준비(설비구매의 입찰조건 마련과 지반개량 공사에 대비한 기술자 파견)는 애초에 설정한 목표를 완전히 달성했다.

포스코에는 영일만 모래벌판에서 쌓아올린 '비상체제'와 '돌관 작업'의 전통이 있었다. 추위와 강풍에 맞서나갔다. 넉 달 만에 작업진도를 정상궤도로 끌어올리는 투쟁 과정에는 일본을 견학하고 돌아온 사원들의 역할이 컸다. 기술식민지 극복과 기술개발을 역설해온 최고경영자의 뜻을 실현하려는 일꾼들은 나날이 '남의 기술'을 '우리의 기술'로 익혀나갔다. 조만간 포스코의 기술 자산 목록에 '대외 판매 가능 기술'로 등록될 연약지반 개량공법. 우리 기술자들의 하루 평균 사항(砂杭) 타설 본수(本數)가 일본의 실적을 능가하면서 이윽고 작업 진척이 정상궤도에 올랐을 때, 광양만의 고로쇠나무에도 새순이 움텄다.

대학건설본부가 '세계적 연구중심대학'으로서 포항공대의 첫발을 성공적으로 내디디기 위한 만반의 태세로 전진하던 여름, 박태준은 광양제철소 2기 설비 종합착공을 위한 막바지 단계를 점검하고 있었다. 당초엔 1987년 3월에 착공한다는 계획이었으나 1990년의 철강재 공급부족이 700만 톤에 이를 것으로 예상되어 착공을 다섯 달이나 앞당긴 이 건설에 소요될 투자비는 내자 6천762억 원과 외자 2억 3천637만 달러를 합쳐 9천344억 원으로 잡혔다. 이미 포스코에게 차관 조달은 아무런 문제가 아니었다. 1984년 2월부터는 외국금융기관이 먼저 좋은 조건을 내밀고 있었다. 그것은 박태준과 포스코가 국제적 신인도를 최고 수준으로 확보한 덕분이었다.

'직선의 레이아웃'으로 '공기단축'과 '완벽시공'을 다짐하면서 한창 완공의 고지를 치닫고 있는 광양만 1기 옆에다 1기와 똑같은 연산 300만 톤 규모의 2기 건설을 준비하는 포스코 사람들. 그들의 빛나는 영광 뒤에는 '기술력'이 있었다.

제철설비를 공급하는 한국의 중공업 업체들은 이제 간신히 '국산화 비율 50퍼센트'를 넘어서려 했다. 그나마 설비 국산화를 선도하면서 한국 중공업의 성장을 유도하고 견인하려는 포스코의 정책적 혜택을 입고 있었다. 포스코는 광양2기 설비의 국산화 비율을 1기보다 6퍼센트 높여 55.4퍼센트로 잡았다. 남은 문제는 한국 업체들의 실력이었다.

생각하기

청암이 추구한 포스코의 인적자원관리는 시대적 특성을 고려해 볼 때 상당히 앞선 시스템이었음을 알 수 있다. 인사의 전략적 기능에 대한 이해가 부족한 상황임에도 불구하고 포스코가 추구했던 인사의 전략적 기능은 어떠한 것이 있었는지, 그리고 그러한 기능을 추구하였던 청암 리더십의 배경은 무엇이었는지 생각해 보자.

복습을 위한 질문

1. 포스코에서 추구한 인적자원관리의 전략적 접근을 생각해 보자.

2. 전략적 인적자원관리의 성공사례와 성공할 수 있었던 이유를 생각해 보자.

Module 4
구성원의 행복 – 그 영원한 가치 Happiness: Eternal Value

① 행복 그리고 성장

> **학습목표**
>
> 이 장에서 숙지해야 할 사항
> 1. 즐거운 직장 분위기와 조직성과 간의 관계를 이해한다.
> 2. 긍정적 정서가 왜 성과향상에 도움이 되는지 그 과정을 이해한다.
> 3. 조직 내 구성원 행복증진을 위해 노력했던 청암의 리더십을 이해한다.

미국 격주간 종합 경제지 《포춘(Fortune)》은 매년 '일하고 싶은 회사 100(100 best companies to work for)'을 발표해 오고 있다. 여기에 선정된 회사들은 높은 기업성과뿐만 아니라 다양한 형태의 복지프로그램 제공과 구성원들의 높은 직무만족, 조직몰입, 일-가정 균형 인식 및 구성원들이 직장생활을 통해 행복감을 느낄 수 있는 프로그램을 제공하는 특징을 갖고 있다. 조직 구성원들은 이러한 프로그램을 통해 직무만족, 조직몰입, 일-가정 균형에서 오는 안정감과 행복감을 느끼며, 이는 삶에 대한 전반적 만족 및 긍정적 정서로 나타난다.

최근 기업들은 조직 구성원들의 심리적 안정과 긍정적 사고가 개인 및 조직의 성과를 향상시킨다는 믿음으로 직원들의 조직 내 행복감을 높이기 위한 프로그램 도입을 통해 '일하고 싶은 회사'를 만드는 노력을 해오고 있다. 특히 퍼머(Ingrid Smithey Fulmer)와 공저가들(2003)은 제한적이기는 하지만 일하고 싶은 직장(great workplace to work, GWP) 지수와 회사성과 간에 긍정적 상관관계가 있음을 주장하면서 조직 내 구성원들의 행복감을 높일 수 있는 노력의 필요성을 제기하기도 하였다.

긍정적 정서가 성공과 같은 바람직한 결과를 유발한다는 가정 하에 베노번(Ruut Veenhoven, 1989)은 긍정적 정서가 인과적 영향력을 갖는 기제에 대해 몇 가지 가설을 제시하였다. 예를 들어 긍정적 정서가 긍정적인 활력, 사회적 접촉, 성격 발달 등을 촉진하기 때문에 건강, 결혼, 직업 등 측면에서 더 바람직한 결과를 유발할 수 있다고 보았다. 그러나 베노번은 자신이 제기한 어떠한 가설도 확실하게 입증하지는 못하였다. 마찬가지로 류보미르스키(Sonja Lyubomirsky), 셸든(Ken Sheldon), 슈케이드(David Schkade)(2005)도 상존 또는 일시적인 긍정적 정서가 모두 성공과 병행하는 적응적 특성(예: 사회성, 낙관주의, 활력, 창의력, 이타성)을 유발하며, 이것이 행복과 성공의 관계를 매개할 수 있다고 제안했으나 이를 명확히 입증하지는 못하였다.

프레드릭슨(BaBara Lee Fredrickson, 1998, 2001, 2003, 2005)은 긍정적 정서가 어떻게 바람직한 결과를 유발하는가를 보다 정교하게 설명하는 긍정적 정서의 확장-구축이론(broaden-and-build theory of positive emotions)을 제안하였다. 즐거움, 만족, 흥미, 자부심 등과 같은 긍정적 정서들은 비록 현상적으로는 다르게 경험될지라도 모두 일시적으로 사고와 활동의 레퍼토리(repertory)를 확장(broaden)시키는 기능을 한다. 이러한 긍정적 정서의 확장 기능은 개인의 신체적, 지적, 사회적, 심리적 자원을 형성(build)하는 데 기여한다. 예를 들어, 즐거움과 같은 긍정적 정서는 놀이, 한계극복, 창의적인 요구를 통해서 신체적, 지적, 사회적, 예술적 자원을 형성하고, 흥미는 탐색, 새로운 정보의 수용과 통합을 통해서 지적 복잡성을 형성하며, 만족(contentment)은 한 걸음 뒤로 물러나 현재의 상황을 음미하게 함으로써 자기통찰과 세계관의 변화를 유도하게 된다. 프레드릭슨 (1998, 2001, 2005)은 긍정적 정서 자체는 일시적으로 경험된 후 사라지지만, 그 과정에서 형성된 개인적 자원들은 오랫동안 지속되어 개인을 더 나은 방향으로 변화시키고 발전시키며, 이를 통해서 다음 순간의 긍정적 정서 경험이 다시 증가한다고 하였다. 이러한 긍정적 정서의 확장-형성 이론은 여러 경험적 연구들(Hakanen, Schaufeli, & Ahola, 2008; Fredrickson, 2003)을 통해 지지되었다.

긍정적 정서가 사고와 행동의 레퍼토리를 확장시킨다는 확장 가설의 경우, 긍정적 정서는 시각적 주의를 확장시키고(Fredrickson & Branigan, 2005) 새로운 경험에 대한 개방성을 증가시키는 것으로 밝혀졌다(Kahn & Isen, 1993). 일례로, 사람들에게 긍정적 또는 부정적 정서를 유발하는 영상을 보여준 후 유사한 정서 상황에서 무엇을 하고 싶은지 기록하도록 했다. 긍정적 정서 조건(즐거움, 만족)의 피험자는 중립조건이나 부정적 정서 조건(공포, 분노)의 피험자보다 하고 싶은 일의 목록을 더 많이 적어서 긍정적 정서가 사고-행동 레퍼토리를 확장시키는 것이 확인되었다 (Fredrickson & Branigan, 2005).

긍정적 정서가 지속가능한 개인적 자산을 형성한다는 구축가설(the building hypothesis)의 경우, 확장 가설에 비해 많은 연구가 이루어지지 않았으나 그동안 이루어진 연구는(Fredrickson & Branigan, 2005) 구축 이론을 지지하고 있다. 예를 들어 이십대에 쓴 수녀들의 글에 나타난 긍정적 정서는 60년 후의 수명과 강한 관련이 있었다는 점에서 신체적 자산을 형성했고(Danner, Snowdon, & Friesen, 2001), 대학 입학 후 첫 일주일 동안 경험한 긍정적 정서는 새로운 관계형성 과정에서 일체감 및 타인에 대한 복합적 이해를 증가시킴으로써 자산 형성에 기여하였다(Waugh, 2002). 심리적 자원의 경우도 마찬가지로 9 11 테러 시기에 경험된 긍정적 정서(감사, 흥미, 사랑)는 위기 이전의 탄력성(resiliene)과 위기 이후의 우울증상 및 심리적 자원의 증가를 완전 매개하였다(Fredrickson, Tugade, Waugh, & Larkin, 2003).

더욱이 긍정적 정서 경험을 통해 형성된 심리적 자원은 다음 시기의 행복을 다시 증가시킴으로써 정서적 웰빙의 방향으로 나선형 성장을 유발시킨다. 예를 들어, 명상을 통해 유도된 긍정적 정서의 증가는 마음 씀(mindfulness) 및 삶의 목적과 같은 심리적 자원을 증가시켰고, 이렇게 증가된 개인적 자원은 다시 삶의 만족을 향상시키고 우울 증상을 감소시켰다(Fredrickson, Cohn, Coffey, Pek, & Finkel, 2008). 또한 프레드릭슨과 조이너(Thomas Joiner)(2002)는 5주 간격으로 2회에 걸쳐 긍정적 정서와 부정적 정서, 그리고 마음을 넓히는(broaden-mind) 대처방식으로 심리적 탄력성을 측정했을 때, 1차 시기 긍정적 정서는 1차 시기 대처방식을 통제했을 때에도 2차 시기 대체방식을 예측했다. 마찬가지로 1차 시기 대처방식은 1차 시기 긍정적 정서를 통제했을 때에도 2차 시기 긍정적 정서를 예측하는 것을 밝혀내기도 하였다. 그러나 부정적 정서의 경우에는 같은 효과가 나타나지 않았다. 이러한 결과는 긍정적 정서와 심리적 자원이 서로를 순차적으로 향상시킴으로써 개인의 성장과 발전을 유도함을 의미한다고 할 수 있다.

이상의 내용을 정리해보자. 긍정적 정서는 그 자체로 도달해야 하는 궁극적인 종착지가 아니라 다른 여러 영역에 대하여 영향력을 갖고 있으며, 이때 긍정적 정서가 유발하는 효과는 유해하기보다 긍정적이다. 또한 긍정적 정서가 바람직한 결과를 초래하는 한 가지 원인은 긍정적 정서가 성공이나 바람직한 결과를 초래하는 심리적 자원을 형성하기 때문이다.

역사 안에서

주택단지

　'인프라 건설'이 정상궤도대로 진행되고 있음을 확인한 박태준은 사원주택단지, 교육, 문화시설의 진척 상황을 주기적으로 짚었다. 그것도 순탄해 보였다. 1969년 4월에 임원숙소 4동과 내빈숙소(영일대) 신축, 6월에 독신료(미혼자 숙소) 2동 건립, 이듬해 7월에 최초의 기혼자용 사원아파트 4동 착공. 이는 초기 건설요원들의 주거를 안정시키고 외국인 기술자들의 숙소문제를 해결했다. 사원주택에 대한 박태준의 경영정책은 줄기차게 추진되었다. 사세 확장에 맞춰 계속 건립해나가 1978년 말에 이르면 자가주택 3천611세대, 독신료 11동(3천771명), 임원숙소 10동, 외국인숙소 18동(320명) 등 대단위 사원주택단지로 조성된다.

　융자의 조건도 획기적이었다. 회사는 최대한의 대여금(20년 상환 무이자 대여)을 부담하는 한편, 은행융자금(장기저리)을 알선함으로써 입주자는 전체 금액의 3분의 1 부담만으로 '내 집 마련'을 할 수 있게 했다. 주택단지의 3분의 2 이상이 숲으로 둘러싸여 쾌적한 환경을 이루고, 단지 내에 교육·의료·생활편의·문화시설 등을 모두 갖추게 하여 주거환경을 최고 수준으로 가꾼다.

　박태준의 이러한 결단은 '먼저 종업원에게 인간다운 삶의 조건을 갖춰줘야 한다'는 오랜 철학에서 비롯한 것이다. 여기엔 제철소 성공에 대한 확신이 있어야 했다. 그는 성공을 확신했다. 그것이 현장의 힘으로 전환되려면 사원들도 그의 확신을 믿고 따라야 했다. 사원 복지에 대한 철학은, 리더의 확신을 조직 전체로 확산시키는 효과까지 거두었다.

인재에 대한 청암의 경영철학은 '환경을 조성해주면 누구나 성과를 낼 수 있다'는 믿음에 기반한다. 청암은 이러한 인식 아래 공장 준공 이전에 직원 복리후생 시설을 먼저 짓는다. "기업을 이끌어 나가는 데는 돈, 물자, 시설, 기술, 정보, 사람 등 여러 가지 요소가 필요하지만, 이러한 요소들을 합리적으로 결합하여 운영하는 것은 결국 사람임을 생각할 때, 경영에서 가장 중요한 것은 인적 요소이다. 그러므로 경영능률의 극대화는 바로 의욕의 극대화에 달려 있다." (1974) "포항제철을 이끌어오면서 몇 가지 원칙을 지키기 위해 노력했습니다. 그 하나는 '기업은 곧 사람'이라는 믿음이었습니다. 포철은 인간을 존중하는 동양적인 정신 위에 서구적 합리주의를 효율적으로 접목시킴으로써 착실하게 성장해왔습니다. 본인은 공장건설에 앞서 사원주택을 건설했고, 생산에 못지않게 교육과 훈련에 힘썼으며 단기적인 임금인상보다는 복지후생과 자녀 교육지원 등 종업원의 장기적인 생활수준 향상에 치중해 왔습니다." "주택단지를 건설하는 데는 장기적인 안목이 필요하다. 집은 잠자고 밥 먹는 곳만은 아니다. 몸뿐만 아니라 마음과 영혼의 휴식을 취하고 새로운 활력을 불어 넣어주는 곳이 될 수 있게 구조를 설계하고 위치를 선정해라!" (1970) "주택단지를 완전히 공원화하여 직원들에게 쾌적한 주거환경을 만들어주는 것이 나의 직원 복지정책에 대한 기본 방침이다." (1975)

청암은 다음의 2가지 중요한 원칙 아래 구성원들에 대한 복리후생

체제를 만들었다. 첫째는 자신과 함께 일하는 사람들이 사람답게 살아갈 수 있는 환경을 조성해야 한다는 것, 둘째는 우리나라 성인들의 소망인 내 집 마련, 안정된 직업을 얻으려는 생각, 자녀를 좋은 학교에 보내려는 생각 등을 충족시켜야 한다는 것이었다.

포스코가 제공한 교육시설과 주거환경은 그야말로 세계최고의 수준이었다. 이러한 청암의 행보에 정치권은 시끄러웠다. '공장 지을 돈도 없는 형편에 집 짓고 외국인 숙소 지을 돈이 어디서 났느냐?', '부동산 투기를 하고 있다' 등의 비판을 받기도 했으나 그의 경영철학은 전혀 흔들리지 않았다.

복지후생제도 확대

1980년 상반기 한국경제가 마이너스 성장을 기록한 6월, 박태준은 그 지표를 심각하게 주시했다. 포스코까지 흔들려선 안 된다. 사회적, 경제적으로 매우 불안정한 6월 11일, 그는 다시 연수원을 찾아갔다. 현장 분임조의 조장들이 한자리에 모여 자주관리 세미나를 열고 있었다.

"본인은 여러분의 노고에 보답하는 방법으로 그동안 자가주택 제도, 자녀장학 제도, 교육시설 확충 등 여건이 허용하는 범위 내에서 여러분의 복지후생제도를 확대하고 질적으로 향상시키기 위해 노력해 왔습니다. 국내 다른 기업체보다도 잘해보려고 애쓰고 있습니다. 여러분, 회사를 믿고 그러한 문제는 본인에게 맡기고 자주관리 활동만 잘해주세요. 그것이 곧 회사를 발전시키고 여러분 자신을 향상시키는 것이기 때문입니다."

② 행복 리더십

가치이익사슬모델(value profit chain model) (Rucci, Kirn, & Quinn, 1998)에 따르면 내부 구성원이 만족하면 구성원의 충성도가 높아지고, 이는 조직의 서비스 품질 향상으로 이어지며, 그 결과 고객은 회사의 서비스에 만족하고, 만족한 고객은 회사의 서비스 품질에 대한 충성도가 높아지고, 회사는 수익을 내고 성장을 하게 된다. 특히 허스켓(james L. Heskeet), 존스(Thomas O. Jones), 러브만(Gary W. Lovemann) (1994)은 조직성과 향상을 위해 경영자가 시장을 이해하고 고객의 요구를 우선적으로 파악하는 것이 중요했던 과거와는 달리, 고객의 요구를 파악하기 이전에 내부 구성원들의 요구를 파악하고 이들을 만족시키는 것이 궁극적으로 조직의 성과를 가져온다고 주장하였다. 이런 주장은 이(Rachel W. Y. Yee), 영(Andy C. L. Yenng), 쳉(T. C. Edwin Cheng) (2010)과 헤이즈(J. M. Hays)와 힐(A. V. Hill, 2006)의 직원 충성도가 서비스 품질 및 회사성과에 영향을 준다는 실증연구를 통해서도 지지되었다.

구성원의 만족에서 더 나아가 구성원들의 행복에 대한 관심은 최근 자본주의 4.0 개념이 등장하면서 많은 관심을 갖게 되었다. 자본주의 4.0 개념에서는 기업의 지속적인 성장을 위해서는 이익의 사회환원뿐만 아니라 조직구성원의 심리적 안정과 삶의 질 향상을 통해 모두가 행복하게 살아갈 수 있는 사회를 만들도록 제안하고 있다. 2012년《하버드 비즈니스 리뷰》는 「행복의 가치: 어떻게 직원의 행복이 이익을 창출하는가(The Value of Happiness: How employee well-being drives profits)」제하의 기사를 1, 2월 호 커버스토리로 싣고, 이를 통해 조직의 지속적인 성장을 위해서는 구성원의 행복 증진이 중요함을 강조하였다.

이러한 인식 등장의 배경에는 과거에는 일과 가정이 서로 독립된 개념으로 제로섬 관계가 있다고 생각하였다. 그러나 최근에는 조직 내 구성원들이 하루 3분의 1 이상을 회사에서 보내고 있고, 퇴근 후에도 업무로부터 자유롭지 못해 일과 가정의 경계가 무의미해졌다. 이러한 인식의 변화는 조직의 관리 범위를 '조직 내 활동'에서 '가족 및 개인 삶'으로까지 확대하는 계기가 되었다.

이러한 관점을 고려해 볼 때 청암이 제철사업 초기부터 주장하였던 개인의 삶의 안정을 지원하기 위한 회사의 지원들(예: 주택단지 건설, 유치원과 초등학교 설립 등)은 최근의 추세보다 적어도 40년은 앞서 진행된 일들이어서 그 의미가 매우 높다고 할 수 있다.

역사 안에서

대한중석의 기적

대한중석은 그냥 흔해빠진 회사가 아니었다. 중석의 다른 이름은 텅스텐이다. 전구의 필라멘트와 우주선 로켓의 부품을 만드는 데 중요한 광물이다. 1960년대 초반 우리나라 연간 수출총액 3,000만 달러 중에서 500~600만 달러를 차지할 만큼 비중이 컸다. 그런 기업이 정치자금 구설수 속에서 해마다 적자를 내서 만성적자의 늪에 빠져 있었다.

박태준은 사장에 취임하자마자 광산으로 달려갔다. 문제 많은 대한중석의 현황을 한눈에 살필 수 있는 곳이 그곳이었다.

"앞장서시오. 막장으로 갑시다."

박태준이 현장 소장에게 한 말이었다.

"예에?……."

놀란 현장 소장의 눈이 무슨 말이냐고 묻고 있었다.

"그 쉬운 말을 못 알아듣겠소? 막장으로 가자니까!"

"아니, 어떻게 사장님께서 직접……. 이런 일은……, 여태까지 이런 일은 한 번도 없었습니다."

박태준은 직접 칸델라를 들고 지하 1,500미터 막장까지 내려가 광산 내부를 시찰했다.

대한중석 사장으로 취임한 박태준의 첫 선언은, "앞으로 우리 회사 인사는 예외 없이 공정을 기하고, 능력에 따라 승진과 보상을 결정한다. 외부 인사 청탁은 절대 용납하지 않고 그런 사원은 인사조치 하겠다."라는 것이었다. 그런데 청와대 고위인사가 인사 청탁을 해왔다. 그는 그것을 과감히 배격하고 그 청탁을 한 사원을 해고했다. 리더십을 발휘하려면 실천할 수 있는 말을 해야 하고 한 번 꺼낸 말은 반드시 실행해야 하기 때문이었다.

어느 날 박태준은 광산 근처 산자락의 사원주택을 둘러보았다. 헛간과 축사 같았다. 종업원 복지문제를 헌신짝처럼 팽개쳐 뒀다는 것을 한눈에 알아볼 수 있었다. 개울가에 빨래 나온 아낙네들에게 새로 부임한 사장인데 무엇이든 편하게 건의하라고 부드럽게 말을 걸었다. 세 번이나 묻자 나이가 지긋해 보이는 아낙이 조심스레 입을 열었다.

"사택에 빈대 약 좀 쳐주세요."

"빈대 약이요?"

너무 보잘것없는 바람이었다. 하지만 그것은 사원들의 주거환경에 대한 모든 불만을 담은 것이었다. 그는 즉시 빈대 약을 치도록 엄명을 내리고 관리자에게 사원주택 건설계획을 세우라고 지시한 다음 서울로 올라와 복지담당 임원을 사장실로 불렀다.

"당신은 상동광산에 가본 적이 있는가?"

"직책을 맡은 지 2년밖에 안되고 너무 바빠 한 번도 가지 못했습니다."

"일제 때 지은 다락같은 사택들이야. 너무 낡고 빈대가 많아 못살 정도니 다 헐어내고, 그 자리에 연차적으로 아파트를 짓도록 해."

"예산이 없습니다만."

박태준은 호통을 쳤다.

"그건 내가 책임져. 지금 바로 짐을 꾸려 현장으로 내려가. 직원들이 어떤 환경에서 지내는지 두 눈으로 똑똑히 보고 대책을 보고해."

　이런 식으로 박태준은 현장의 환경과 사원들의 생활을 샅샅이 살펴보면서 드러나는 문제점들을 바로바로 해결하여 대한중석을 1년 만에 만성적자의 늪에서 탈출시키고 흑자를 기록하게 만들었다.

　포스코에서 청암이 초기 구성원들에게 사택을 제공하고 자녀 교육비를 지원했던 복리후생 역시 구성원들이 아무 걱정 없이 회사 본연의 직무에 충실할 수 있도록 만들기 위해서였으며, 이러한 조직몰입의 분위기 역시 포스코의 성공을 담보하는 매우 중요한 전제조건으로 인식했다. 또한 직장만족도를 제고하기 위해 평생고용(고용불안 방지), 공정한 인사관리(평가제도 만족도 제고) 등 인사제도를 구축하는 한편, 이를 토대로 구성원들이 일반적으로 조직에 가지는 불만 요인을 제거하고자 하였다.

생각하기

청암은 포스코에 다니는 사람 모두가 함께 행복하길 바랐다. 나아가 온 국민이 잘 살고 행복하길 바라는 소망을 바탕에 두고 있었다. 내가 행복하기 위해서는 내외적으로 살펴야 할 것들이 있다. 나의 내외적 행복요소를 찾아보자.

복습을 위한 질문

1. 직원들의 행복한 삶에 대한 청암의 철학은 무엇이었는가?

2. 직원들의 행복을 위해 청암은 어떠한 지원을 했는가?

참고 문헌

권상우, 「청암 박태준의 '도기결합'적 성인경영」, 『청암 박태준 연구총서4』, 아시아, 2002

곽상경, 「포항제철과 국민경제」, 포항제철주식회사, 1992., 2012.

김경준, 『CEO 역사에게 묻다』, 위즈덤하우스, 2009.

김기원, 「기업 지배구조 이론에 관한 연구」, 2002.

김병연, 최상호, 「포스코와 한국경제 : 서지적, 실증적 분석을 중심으로」, 『청암 박태준 연구총서5』, 아시아, 2012.

김왕배, 「발전국가와 민족중흥주의: 청암 박태준의 '보국이념'에 대한 지식사회학적 탐구」, 『청암 박태준 연구총서4』, 아시아, 2002

김성국, 『조직과 인간행동』, 박영사, 1996.

김원규, 「지식 기업가 정신 경제성장 간의 관계 분석」, 산업경제, 2011.

김인영, 『박태준보다 나은 사람이 되시오』, 자작나무, 1995.

김일환, 「피터드러커의 경영사상에 나타난 기업가정신에 관한 연구」, 2010.

김정섭, 「포스코 포항제철소 건설 프로젝트 성공 요인 분석」, 『청암 박태준 연구총서5』, 아시아, 2012.

김종호, 「우리나라 기업가정신과 그 결정요인」, 산업경제, 2008.

김종재, 『조직행동론』, 박영사, 1991.

김창호, 「소명감」, 포스코 경영연구소, 2013.

김창호, 「청암 박태준의 경영철학과 리더십에 관한 연구」, 2009.

김현기, 박진성, 「기업가 정신이 깃든 조직 만들기」, LG 경제연구원 , 2011.

류지성, 「기업가 정신의 성공모델, 삼성경제연구소」, 2008.

매일경제 산업부, 『경영의 신에게 배우는 1등 기업의 비밀』, 매일경제신문사, 2010.

박영구, 『한국 중화학공업화 연구 총설』, 도서출판 해남, 2008.

박영구, 『한국의 중화학공업화: 과정과 내용(1)』, 도서출판 해남, 2012.

박영구, 『한국의 중화학공업화: 과정과 내용(2)』, 도서출판 해남, 2012.

박원우, 「조직변화의 개념과 방향」, 삼성정신문화연구소, 1994.

박철순, 남윤성, 「포스코 신화와 청암」, 『청암 박태준 연구총서5』, 아시아, 2012.

박철언, 『나의 삶 역사의 궤적』, 한들출판사, 2004.

박태준, 「제철보국의 의지 : 박태준회장 경영어록」, 포항종합제철주식회사, 1985.

박태준, 「창업 정신과 경영철학」, 포항종합제철주식회사, 1983.

박태준, 『신종이산가족』, 포항종합제철주식회사, 1987.

박헌준, 「긍정조직 윤리에 대한 창업 CEO의 영향력: 가치일치의 매개 효과」, 『박태준의 경영철학 1』, 아시아, 2012.

박호환, 「신뢰 선순환을 통한 시너지 경영」, 『박태준의 경영철학 1』, 아시아, 2012.

박홍렬, 신건철, 『기업통합이론과 기업 경영전략 : 기업의 경쟁력 제고방안』, 한국경제연구원, 2004.

배종태, 「최고경영자의 전략적 의지가 기술발전과 기술경영에 미치는 영향 : 포스코의 창업 및 성장과정을 중심으로 」, 『청암 박태준 연구총서5』, 아시아, 2012.

배종태 백기복, 『이슈리더십』, 창민사, 2001.

백기복 외,『박태준의 리더십』, 아시아, 2012.

백덕현,「포항제철의 위치와 경쟁력」, 한국화학공학회 발표논문, 1989.외,「박 태준의 경영철학 2」, 아시아, 2012.

변형윤,「한국철강공업의 기술축적: 포항제철을 중심으로」,『경제논집』, 제19 권 2호, 1980.

비즈니스(BUSINESS) 집필진,『비즈니스 거장에게 배운다』, 비즈니스맵, 2009.

산업연구원,『포항제철의 기업발전사 연구』, 1997.

서갑경,「최고 기준을 고집하라」, 한국언론자료 간행회, 1997

서상문, 배종태,「청암 백태준의 군인정신과 기업가정신의 상관성 연구」,『청 암 박태준 연구총서4』, 아시아, 2012.

서상문,「청암 박태준의 무사 사생관」,『박태준 사상, 미래를 열다』, 아시아, 2012.

서울대학교 사회과학연구소,「포항제철의 기업문화연구」, 서울대학교 사회과 학연구소, 1984.

송복,「특수성으로서의 태준이즘 연구」,『청암 박태준 연구총서1』, 아시아, 2012.

송성수,「포항제철의 기술 능력 발전 과정에 관한 분석」, STEPI 정책포럼, 2000.

송성수,「한국 종합제철사업계획의 변천과정, 1958년~1969년」, 2002a.

송성수,「기술능력 발전의 시기별 특성: 포항제철 사례연구」, 기술혁신연구, 2002b.

송성수,「한국 철강산업의 기술능력 발전과정 : 1960~1990년대의 포항제철」, 2002

송영수,「정보화시대가 요구하는 기업가정신」, CFE Report, 자유기업원,

2010.

슘페터, 『자본주의, 사회주의, 민주주의』, 이상구 역, 삼성출판사, 1999.

안상기, 『우리 친구 박태준』, 행림출판, 1995.

임경순, 「박태준과 과학기술」, 과학기술학연구 2010.

양현봉 외, 「기업가 정신 육성 및 기업친화정책을 통한 잠재성장률 제고 방안」, 산업연구원, 2008.

유규창, 김정은, 이혜정, 「Agency 이론과 Stewardship 이론에 의한 성과주의 인사제도의 재해석」, 조직과 인사관리 연구, 2010.

유동운, 「기업가 정신의 역사와 현대적 의미」, CFE Report, 자유기업원, 2009.

이대환, 『세계 최고의 철강인』, 현암사, 2004.

이대환, 「박태준의 삶과 정신」, 『청암 박태준 연구총서1』, 아시아, 2012.

이동춘, 「자주관리 활동 개요」, 1986.

이상오, 「청암 박태준의 교육 리더십 연구」, 『박태준리더십』, 아시아, 2012.

이용갑, 「최고경영자의 복지사상과 기업복지 발전」, 『청암 박태준 연구총서1』, 아시아, 2012.

이웅희 외, 「피터드러커 경영 사상에 나타난 기업가 정신에 관한 연구」, 2010.

이윤준 외, 「기업가 정신 고취를 통한 기술창업 활성화 방안」, 과학기술정책연구원(STEPI), 2012.

이호, 『박태준 철의 이력서 누가 새벽을 태우는가』, 자유시대사, 1992.

임경순, 「박태준과 과학기술」, 과학기술학연구 2010.

전상인, '박태준 영웅론: 제철입국의 근대 정치사상', 「박태준의 정신세계」, 아시아, 2012.

전용덕, 「기업과 기업가정신-이해와 오해」, 한국경제연구원, 2010.

정연앙, 「조직몰입의 결절요인에 관한 연구」, 한국노동연구원, 1992.

정재희,「한국 대기업 오너들의 리더십에 관한 연구: 고 정주영 회장과 고 이병철 회장의 리더십을 중심으로」, 2004.

조정례,『박태준』, 문학동네, 2007.

차동옥,「리더십 연구의 최근동향: CEO 리더십을 중심으로」,『인사관리연구』, 2005.

최진덕,「우리 현대사의 비극과 박태준의 결사적인 조국애」,『박태준 사상, 미래를 열다』, 아시아, 2012.

최진덕 외,『박태준의 정신세계』, 아시아, 2012.

포항제철,『포항제철 20년사』, 1989.

포항제철,『포항제철 7년사: 일관제철소 건설기록』, 1975.

포항제철,『포항제철 25년사: 영일만에서 광양만까지』, 1993.

포스코경영연구소,「플러스 알파 리더십 관련 사례 모음집」, 포스코경영연구소, 2009.포항종합제철주식회사,『사반세기 제철대역사의 완성』, 1992.

피터드러커,『미래사회를 이끌어가는 기업가정신(Innovation and entrepreneur- ship)』, 이재규 역, 한국경제신문, 2004.

허남정,「박태준 리더십에 대한 재고찰」, 2013.

허문구, 김창호,「포스코의 인적 자원 관리:1968~1992년」,『청암 박태준 연구 총서5』, 아시아, 2012.

Allen, N. J. & Meyer, J. P.,「The measurement and Antecedents of Affective, Continuance and Normative Commitment to the Organization」, Journal of Occupational Psychology, 1990.

Anderson, S. E. & Williams, L. J.,「Job satisfaction and organizational commitment as predictors of organizational citizenship and inrole behaviors」, Journal of Management, 1991.

Avolio, B. J. & Bass, B. M., 「Transformational Leadership, charisma and beyond」, Pergamon Press, Elmsford, NY, 1988.

Bass, B. M., 「A new paradigm of leadership: An inquiry into transformational leadership」, US Army Research Institute for the Behavioural and Social Sciences, 1996.

Beccerra, M & Gupta, A. K. 「Trust with in the organization: integrating the trust literature with agency theory and transaction costs economics」, Public Adminnistration Quarterly, 1999.

Bruce McKern & Ruth Malan, 「POSCO's Strategy in the Developement of Korea」, Stanford University, 1992.

Conger, J. A., 「Charismatic and transformational leadership in organizations: An insider's perspective on these developing teams of research」, The Leadership Quarterly, 1999.

Cunnigham & Lischeron, 「Defining Entrepreneurship」, Journal of Small Business Management, 29(1), 1991.

Daniel Goleman, 「Leadership That Gets Results」, Harvard Business Review, 2000.

Downton, J. V., 「Rebel leadership: Commitment and charisma in a revolutionary process」, New York: Free Press, 1973.

Evans, M. G., 「The effects of supervisory behavior on the path-goal relationship, Organizational Behavior and Human Performance 5」, 1970

Howard Stevenson, 「A Perspective on Entrepreneurship」, HBS Note 9-384-131, Harvard Business School, 1983.

Karambayya, R., 「Organizational Citizenship Behavior: Contextual Predictors and Organizational Consequences」, Northwestern University, Ph.D. Dissertation, 1989.

Kilmann, R. H., Saxton, J. J., Serpa, R., & Associates. (1995). Gaining control of the corporate culture, CA: Jossey-Bass Publishers.

Kilmann, R. H. (1989). Managing beyond the quick fix, CA: Jossey-Bass Publishers.

Kilmann, R. H., Covin, T. J., & Associates. (1988), Corporate Transformation, CA: Jossey-Bass Publishers.

Kilmann, R. H. (2001), Quantum Organizations, CA: Davies-Black Publishing.

Kotter, J. P., 「A force for change: How leadership differs from management」, New York: Free Press, 1990.

M. Pender,「The meaning of entrepreneurship: towards a modular concept」, WIFO, 2006.

Meyer, R. C., Davis, J. H. & Schoorman, F. D., 「An Integrative Model of Organizational Trust」, Academy of Management Review, 1995.

OECD, 「Entrepreneurship at a Glance 2010」, 2010.

Shamir, B., House, R. J. & Arthur, M. B., 「The Motivational Effect of Charismatic Leadership: A Self-Concept Based Theory」, Organization Science, 1993.

Spencer. L.M. Jr. and S.M. spencer, 「Competence at work: Model for superior performance」, 「New York: John & Wiley & Sona」, 1993.

Steers, R. M. & Porter, L. W., 「Employee Commitment to

Organization」, Motivation & Work Behavior, New York. Magraw-Hill, 1999.

Stogdill, R. M., 「Handbook og leadership: A survey of theory and research」, New York: Free Press, 1974.

Timmons, J.A. & S.Spinelli, Jr., 「New Venture Creation: Entrepreneurship for the 21st Century」, McGraw-Hill, 2009.

Yammarino, F. J., 「Transforming Leadership studies: Bernard Bass' Leadership and performance beyond expectations」, Leadership Quarterly4 (3), 1993.

Vroom, V. H. & Jago, A. G., 「The new leadership: Managing participation in organizations」, Englewood Cliffs, 1988.

Adams, T., Bezner, J., Drabbs, M., Zambarano, R., & Steinhardt, M. (2000). Conceptualization and measurement of the spiritual and psychological dimensions of wellness in a college population. Journal of American College Health,48(4),165-173.

Fox, J. (2012). The Economics of Well-being. Harvard Business Review, January-February,79-90.

Fredrickson, B. L/ & Branigan, C. (2005). Positive emotions broaden the scope fo attention and thought-action repertories. Cognition and Emotion,19(3),313-332.

Fulmer, I. S., Gerhart, B., & Scott, S. K. (2003). Are the 100 best better? An empirical investigation of the relationship between being a "great place to work"and firm performance. Personnel Psychology,56(4),965-993.

Greenhaus, J. H. & Powell, G. N. (2006). When work and family are allies: A theory of work-family enrichment. Academy of Management Review,31(1),72-92.

Ho, J. (1997). Corporate wellness programmes in Singapore: Effect on stress, satisfaction and absenteeism. Journal of Managerial Psychology,12(3/4),177.

Katetsky, A. (2010). 자본주의 4.0 (Capitalism 4.0: The birth of a new economy), (위선주역). 서울: 컬쳐앤스토리

Lyubomirsky, S. Sheldon, K., & Schkade, D. (2005). Pursuing happiness: The architecture of sustainable change, Review of General Psychology,9,111-131.

Myers, D. G., & Diener, E. (1995). Who is happy?, Psychological Science,6(1),10-19.

Parks, K. M. & Steelman, L. A. (2008). Organizational wellness programs: A meta-analysis. Journal of Occupational Health Psychology,13(1),58-68.

Ryff, C. D. (1989). Happiness is everything, or is it? Explorations on the meaning of psychological well-being. Journal of Personality and Social Psychology,57(6),1069-1081.

Ryff, C. D. & Keyes, C. (1995). The structure of psychological well-being revisited. Journal of Personality & Social Psychology,69,719-727.

동아일보, 1987년 1월 25일자-포항공대개교
문화일보, 2011년 7월 8일자-국가大事에 팔 걷어붙이는 대한민국 기업가정신
매일경제, 1978년 9월 4일자
매일경제, 1984년 3월 24일자-광양제철 조기완공-숨 가쁜 삽질

매일경제, 1989년 8월 4일자-제철장학회

매일신문사, 2011년 11월 11일자-경북의 혼 제6부-'하면 된다' 정신

조선일보, 1978년 4월 18일자-차 한 잔을 나누며

중앙일보 1974년 7월 4일자

중앙일보, 2004년 9월 17일자-쇳물은 멈추지 않는다

중앙일보, 2004년 10월 5일자

중앙일보, 2004년 10월 20일자-쇳물은 멈추지 않는다

포스코 창업자이야기, 포스코 역사관 웹사이트(http://museum.posco.co.kr)

———

최동주 Dong Ju Choi

중앙대학교 정치외교학 학사
미국 아메리칸대학교 국제관계학 석사
영국 런던대학교 정치경제학 박사

주요 경력
전, 포스코경영연구소 연구위원
　　서울대, 고려대 초빙전임교수
　　아태여성정보통신원장
　　유네스코총회 한국 대표
현, 한국국제정치학회/윤리경영학회/국방정책학회 이사,
　　한국아프리카학회 부회장
　　외교부/교육부/방위사업청 정책자문위원,
　　안전행정부 인사심의위원
　　숙명여자대학교 글로벌서비스학부 교수, 글로벌HRD센터장

주요 저서 / 논문
『국제기구의 과거 · 현재 · 미래』(공저, 2013)
역서 『정치학 방법론』(공역, 2010)
「내용분석을 통한 청암 박태준의 가치체계 연구:허만(Hermann)의 리더십 특성 연구방법
(Leadership Trait Assessment)을 중심으로」 등
서적 17권, 논문 58편

———

김규동 Kim, Kyu Dong

연세대학교 교육학 학사
미국 노스텍사스대학교 경영대학원 경영학 석사
미국 세인트루이스대학교 경영학 박사

주요경력
전, 미국 세인트루이스대학교 강사 Saint Louis University, Lecturer(' 88~' 95)

포스코경영연구소 마케팅전략컨설팅 실장

DBM Inc. 한국JV 파트너, 대표이사(' 98~2005)

현, Veta Research&Consulting 고문

한국 청년 기업가정신 재단 이사

숙명여자대학교 글로벌서비스학부 학부장

앙트러프러너십학과 교수

앙트러프러너십센터 센터장

창업보육센터장

주요저서 / 논문

역서 『팀장 생존 가이드북』(2004)

『팀원의 마음을 읽는 팀장의 기술』(2007)

차윤석 Cha, Yunsuk

중앙대학교 경영학과 경영학 학사

서울대학교 대학원 경영학 석사(인사 · 조직 전공)

서울대학교 대학원 경영학 박사(인사 · 조직 전공)

주요 경력

전, 포스코경영연구소 인적자원연구실 연구원

Merck KGaA 인사총괄담당

LG Display 인사기획팀장 / Global HR Business Parter

숙명여자대학교 글로벌인적자원센터 연구교수

현, 동아대학교 경영대학 경영학과 교수

주요저서 / 논문

「일-가정 촉진과 지각된 팀 성과 간의 관계」(2013)

「Global Transfer of HR Processes」(2013)

「The Leader-Follower Duality as "Upward-Downward Spirals"」(2012)

「웰니스(wellness)와 업무성과 간의 관계에 관한 연구: 다수준 모형분석을 활용한 실증연구를 중심으로」(2012)

「개인 및 팀 적응성과의 고찰: 성과코칭과 피드백 환경에 의한 다수준 상동모형의 검증」(2011)

포스코의 창업정신과
청암의 리더십

2014년 8월 11일 초판 1쇄 찍음 | 2014년 8월 15일 초판 1쇄 펴냄

지은이 최동주, 김규동, 차윤석 | **펴낸이** 김재범
인쇄 한영문화사 **종이** 한솔PNS **디자인** 박종민
펴낸곳 (주)아시아 **출판등록** 2006년 1월 27일 **등록번호** 제406-2006-000004호
전화 02-821-5055 **팩스** 02-821-5057
주소 서울시 동작구 서달로 161-1 아시아 편집부(흑석동 100-16)
이메일 bookasia@hanmail.net | **홈페이지** www.bookasia.org

ISBN 979-11-5662-040-2 93300

*값은 뒤표지에 표시되어 있습니다.

이 도서의 국립중앙도서관 출판예정도서목록(CIP)은 서지정보유통지원시스템 홈페이지
(http://seoji.nl.go.kr)와 국가자료공동목록시스템(http://www.nl.go.kr/kolisnet)에서
이용하실 수 있습니다.(CIP제어번호: CIP2014023282)